El fin de la ansiedad en niños y adolescentes

El fin de la ansiedad en niños y adolescentes

Cómo ayudar a tus hijos a gestionar los miedos, el estrés y la ansiedad

Gio Zararri

VERGARA

Papel certificado por el Forest Stewardship Council®

Primera edición: junio de 2022

© 2022, Gio Zararri
© 2022, Penguin Random House Grupo Editorial, S. A. U.
Travessera de Gràcia, 47-49. 08021 Barcelona

Printed in Spain – Impreso en España

ISBN: 978-84-18620-66-9
Depósito legal: B-5.480-2022

Compuesto en Llibresimes, S. L.

Impreso en Romanyà Valls, S. A.
Capellades (Barcelona)

VE 2 0 6 6 9

A mis padres, Marisol y Jesús Mari.
Gracias por ser tan valientes
y regalarnos tanta vida

Índice

CÓMO PONER FIN A LA ANSIEDAD

ANTES DE EMPEZAR

He creado este libro a partir de la experiencia y la investigación. Aquí encontrarás información relevante sobre el funcionamiento del cerebro, los miedos, el estrés y la ansiedad en niños y adolescentes. También hallarás ejercicios y herramientas que pueden ayudar a tu hijo a superar estos problemas, pero ten presente que en ningún caso sustituyen la terapia psicológica.

Por ello, si crees que tu hijo está desarrollando un trastorno que requiere atención inmediata, consultar con un médico es siempre la mejor opción.

A lo largo de este libro utilizaré las palabras «padre» o «madre» para referirme a ti, la persona que lee este libro y se interesa por el futuro de ese ser querido. Un ser querido al que llamaré «hijo» o «hija» para que todo sea más sencillo, o también «niño», aunque pueda encontrarse ya en su época adolescente.

Intentaré combinar el género de esas palabras cuando me sea posible, pero más importante que eso es comprender que este libro está creado para ti, esa persona especial que quiere mejorarse y mejorar la vida de su hijo.

Introducción

Seguramente no puedes olvidar a uno de los niños más especiales de tu realidad, ese niño que siempre ha permanecido en tu interior. A lo largo de nuestra vida, pensamos en él muchas veces. En ocasiones —por lo general cuando más felices nos sentimos—, ese ser aflora y volvemos a ser niños. Pero muchas otras lo escondemos porque considerándonos adultos creemos que hay que dejarse de tonterías y madurar.

Si intentas pensar en ese niño probablemente descubrirás carencias emocionales, temores excesivos o falta de afecto, realidades que te han hecho ser quien eres y comportarte como lo haces. La niñez te marcó en gran medida, como también lo hizo en mi caso o en el de cualquier persona que conozcas.

Esas bases de tu pasado, que conformaron tu personalidad y tu esquema de vida, tal vez sean la mejor herramienta con que cuentas para abordar los problemas que plantea la existencia. Sin embargo, si echas la vista atrás, es probable que descubras que tus padres o educadores pudieron haber hecho las cosas mejor y que te transmitieron muchos de sus miedos y carencias. No es difícil llegar a la conclusión de que, si no hubieran cometido errores, seguramente serías una persona más fuerte y consciente.

No soy padre, pero soy y siempre seré hijo, y puedo reconocer esta realidad vital que nos impulsa a pensar: «¿Y si mis padres hubieran tenido más en cuenta las emociones? ¿Y si hubieran entendido mejor cómo funcionaba yo de niño, cuáles eran los mecanismos básicos de mi cerebro, mis miedos y necesidades?».

Pero no es momento de lamentarse y, así como podemos reconocer esta realidad, también deberíamos entender que ninguno de ellos era consciente de todo esto y que seguramente a ellos les ocurrió lo mismo.

Por fortuna tienes una vida ante ti, una en la que aún puedes cambiar todo lo que necesites mejorar. Esa posibilidad es real, aunque resulta mucho más complicado hacerlo ahora, de adultos, que cuando éramos niños.

En esta necesidad de mejora que te asalta a diario seguramente existe una realidad que sí puedes cambiar, una vida mucho más moldeable debido a la edad, una existencia tan importante o más que la tuya, la de tu hijo, y ese es el motivo por el que estás leyendo estas páginas...

No nacemos con un manual bajo el brazo, en un principio no comprendemos cómo funcionan las emociones o cuál es la mejor manera de gestionarlas, pero por fortuna hoy existe muchísima más información que antes, algo que puede ayudarnos a actuar mejor.

Movido por este interés y con el ánimo de ayudar a hermanos, amigos y muchos otros padres a comprenderlo mejor, un día pensé en crear este libro e indagar en profundidad en la mente, temores y necesidades de los más pequeños.

A lo largo de los últimos años, muchos adultos me han comunicado las dificultades a las que se enfrentaban en la educación de sus hijos respecto a estos temas. La importancia de estos asuntos no permite pasarlos por alto, ya que problemas como la ansiedad y la baja autoestima tienen una relación directa con la capacidad de sentirnos seguros y creer en nuestras propias capacidades.

Estas bases se establecen durante la infancia y dependen en gran medida del modo en que nuestros padres o tutores nos educan. Si de pequeños nos sentimos desprotegidos o inseguros, nuestro estrés, temores y autoestima se verán muy afectados, y esta situación no solo nos afectará de niños, sino durante toda nuestra vida. Por este motivo, muchas personas sufren durante toda la vida mucho más de lo que deberían. ¿Y si tan solo los padres se pararan a pensar que la infancia es el periodo en que el cerebro es más moldeable? ¿Y si comprendiesen que es la etapa en la que se crean los fundamentos de nuestras creencias y autoestima? ¿Y si supieran cómo tocar las teclas que pueden crear hijos más valientes y seguros de sí mismos?

Si nos ponemos a pensar en cómo somos ahora y en cómo nos gustaría ser, seguramente todos estaríamos de acuerdo en que nuestra actual versión podría ser mejor. ¿Cuántas veces nos arrepentimos por no haber tenido más coraje? ¿Cuántas otras por no haber probado una experiencia determinada o haber confiado más en nosotros mismos?

¿Cómo fue nuestra falta de autoestima la causante de no haberlo siquiera intentado?

Está demostrado que cualquier persona puede cambiar y mejorar su realidad, pero también está estudiado que una vez que nos hacemos adultos cualquier cambio cuesta muchísimo más. Una transformación que es mucho más rápida y sencilla de niños.

Ese es el tema de este libro. Una aventura en la que espero ayudarte a comprender que para ser mejor padre basta con tener en cuenta algunos detalles en los que vamos a profundizar.

Todos aceptamos que, en un pasado reciente, las emociones eran un tema tabú. Estaba mal visto tratarlas y se consideraba que para ser una persona fuerte había que evitar hacer demasiado caso a las emociones. Tener problemas se consideraba de débiles y era tan poca la información que se tenía sobre el aspecto emocional, que se creía que atacar los problemas de raíz y sin tacto era siempre la mejor opción. Esas sociedades produjeron generaciones de analfabetos emocionales, personas con tan poca consciencia, conocimiento y experiencia que no hacían sino aumentar y perpetuar sus trastornos y dificultades emocionales.

Por fortuna, muchas de estas cuestiones están cambiando y en la actualidad se reconoce la importancia de trabajar el autoconocimiento y autocuidado. Esta nueva visión se ha obtenido gracias a la información y las estadísticas de que disponemos para comprender a fondo cómo afectan a las personas este tipo de situaciones y cuáles son las mejores herramientas para gestionarlas.

Sería absurdo considerar que soy capaz de crear ese manual mágico que todos habríamos querido que nuestros padres tuviesen para hacer de nuestra vida una mucho más feliz. No es mi intención conseguir lo imposible, pero me encantaría crear al menos un pequeño capítulo de ese utópico manual para la vida que a todos nos gustaría poder leer. Un capítulo que abordase detalladamente los miedos, el estrés y la ansiedad en niños y adolescentes, y que nos ayudase a entender cómo funciona su cerebro según sus etapas para hallar la mejor manera de educarlos.

Por todo ello, si consigo facilitarte la tarea de mejorar el modo en que educas a tus hijos para hacerlos más conscientes y valientes, se habrá cumplido el objetivo de este libro.

Para ayudarte a mejorar la vida de tus hijos, me gustaría que empezases por tener en cuenta dos ideas fundamentales:

- La primera es reconocer que todos los padres tenéis una capacidad única y extraordinaria, la de ayudar a que vuestros hijos se conviertan en una de las mejores versiones de sí mismos. Personas con mayor autoestima, con más y mejores valores, ilusiones y valentía. Partiendo de esta base, tu misión debe ser únicamente esta: intentar mejorar el modo en que se desarrolla tu hijo a través de la mejor comunicación.
- La segunda es tener en cuenta que el cerebro del niño no es como el de un adulto, no piensa ni siente como el tuyo. Es un cerebro mucho más moldeable y está en constante evolución. Esta capacidad de transforma-

ción no solo es una puerta abierta para mejorar vuestra comunicación, sino que también supone una oportunidad para implementar la mejora que él o ella pueden necesitar. Esto te ayudará a tratar sus problemas de ansiedad, estrés o autoestima, un progreso que, a su vez, debido a esta característica del cerebro infantil, se puede conseguir de manera más sencilla.

Partiré de unas bases que puedan ayudarte a comprender cómo funciona la mente de tu hijo y cómo puedes comunicar con él de la mejor manera para ayudarlo a ser feliz, a superar sus problemas y a desarrollar herramientas para la vida con las que siempre pueda contar para hacer frente a sus dificultades, como el trastorno de ansiedad.

Entraremos también con detalle en los miedos, el estrés y la ansiedad, y cómo estos factores afectan a niños y adolescentes, para descubrir no solo las principales causas, sino sobre todo los mejores remedios.

Siéntete orgulloso u orgullosa por haber dado el paso de intentar ayudar a tu hijo. Puedes estar seguro de que este es el mejor momento para conseguirlo.

La mejor manera de sacar provecho de este libro

Pensando en que este es un libro de autoayuda, un manual que como bien indica su definición intenta brindarte ayuda, concretamente apoyo en la educación de los hijos, para conseguirlo, he pensado resumirte cómo puedes sacar el mayor provecho de esta lectura y explicarte cuáles serán los puntos que te harán el camino más fácil:

1. **Mantente positivo.** Siempre que te dispongas a leer este libro, intenta ver el vaso medio lleno. Cuando la vida te dé razones para llorar, no hay mejor respuesta que demostrarle que existen muchas otras para disfrutar. Para conseguirlo y aceptar la situación que está viviendo tu hijo, piensa que es mucho más común de lo que crees, réstale peso e intenta fijarte en las cosas positivas de pasar por ello. Eso os permitirá observar el problema de una manera positiva, una nueva perspectiva que marcará la diferencia. Recuerda que estos años

son mágicos y hermosos, una niñez —la de tu hijo— que un día pasará. Por eso intenta sonreír y disfrutar de esta época, que en el futuro seguramente recordarás como una de las mejores etapas de vuestra vida.

2. **Lee este libro de principio a fin marcando y subrayando la información** que te resulte más pertinente. Te aconsejo que cuando profundicemos en los diversos temas, subrayes o releas la información las veces que consideres oportunas, ya que, si consigues que alguna de estas ideas se grabe en tu mente, se convertirán en tus mejores herramientas para la educación de tus hijos. De esta manera podrás relativizar sus fobias y reacciones exageradas, quitarles importancia y, sobre todo, entenderlas mejor.

3. **Utiliza un diario.** El proceso será mucho más fácil si usas un cuaderno en el que apuntes lo que estás aprendiendo y los cambios y mejoras que aprecias en tu hijo. Si tu hijo es adolescente, aconsejo que él haga lo mismo y que lea también este libro para entender mejor no solo cómo funciona la ansiedad, sino sobre todo cómo funciona él o ella y cuál o cuáles son sus mejores remedios.

4. Para mejorar la situación, **tu hijo deberá actuar.** Es importante que se exponga a sus miedos poco a poco. En estas páginas te ayudaré a entenderlo todo mucho mejor para que esta tarea le sea más fácil. Si ves que tu hijo sufre un problema o trastorno complicado, te recomiendo que consultes con un experto para superarlo antes y mejor. En ese caso, este libro puede conver-

tirse en una de vuestras mejores herramientas para acompañar en la terapia.

5. **Sed el mejor equipo**. El mejor consejo que puedo darte, tanto si tratas de educar a tu hijo emocionalmente como si vais a trabajar juntos para superar un problema como este, es que os apoyéis mutuamente y sepáis comunicar de la mejor manera, para ganar en calma y confianza, y poder sentir juntos el cambio.

Como padre, muchas veces intentarás afrontar los problemas de tus hijos y buscarás excusas o atajos que puedan evitarles —o te eviten a ti— dolores y sufrimiento. Sin embargo, tarde o temprano te darás cuenta de que de esta manera estás educando desde el miedo y no desde la valentía. Por mucho que intentes evitar que vivan momentos complicados, ellos también caerán y sufrirán, también se sentirán heridos y experimentarán miedo, tristeza o ira. Por mucho que intentes evitarles el dolor, acabarán por conocerlo.

La vida nos demuestra que estas complicadas experiencias suelen ser las que más aprendizaje nos aportan, tanto de niños como de adultos. Por ello pronto intentaré ayudarte a asimilar que más importante que luchar contra este tipo de experiencias es ayudar a tu hijo a desarrollar herramientas que le permitan sortearlas de la mejor manera, mientras aprende por el camino.

Teniendo en cuenta todo esto y entendiendo que la conexión entre tú y tus hijos parte de vuestra mutua comunicación, antes de empezar conviene sentar las bases para que podáis disfrutar de la mejor relación.

Cómo educar a tu hijo
para ser feliz

1. **Lo primero es el amor.** El regalo más importante que puedes dar a tu hijo es tu cariño, la mejor medicina contra el miedo y la tristeza. Estarás conmigo en que la vida nos demuestra que son las experiencias y el amor lo que nos conectó con nuestros seres queridos, no las cosas materiales que hayan podido regalarnos. Por ello, y más teniendo en cuenta las dificultades emocionales que abordaremos, entiende que el mejor regalo que puedes hacer a tus hijos son esas sonrisas y buenos momentos que viváis juntos. Cuando trates con tu hijo sobre el tema que sea y, ante todo, si sientes que te estás dejando llevar por tus frustraciones, dificultades o emociones, retrocede y recuerda esto: «Lo primero es el amor».

2. **Tú eres su modelo.** Teniendo esto en cuenta y comprendiendo que su autoestima será su mejor herramienta para disfrutar de la vida, enséñale a mantener

estilos de vida sanos tanto en alimentación, como en sueño o cuidado físico. Entiende que no hay nada más importante para su felicidad que su salud mental, por ello ayúdale a comprender y vivir sus emociones, a reconocer cuándo puede necesitar ayuda o consejo, y a reconocer que siempre estarás ahí para apoyarle. Sé consciente también de que, si sufres estrés elevado o ansiedad, seguramente ellos lo van a absorber como esponjas.

3. **Dedícale tiempo cada día.** Juega y disfruta con él, vuelve a sentirte niño y recurre al sentido del humor siempre que puedas. No intentes dirigir sus gustos y ayúdale a conocerse mejor animándolo a descubrir por sí mismo sus cualidades e ilusiones.

4. **Intentad ser mejores amigos.** Demuestra a tu hijo que es lo más importante para ti y que puede contar contigo en cualquier momento. Cuanto mejor lo acompañes y más seguro y confiado se sienta contigo, más fácil le será recurrir a ti y reconocer que sois el mejor equipo. Solo con cariño lograrás que sea él quien elija disfrutar de buena parte de su tiempo contigo.

5. **Ten siempre en cuenta** cuáles son **las etapas evolutivas del niño,** porque en cada una de ellas los gustos, aficiones e incluso ilusiones pueden ser muy distintas. Un aspecto fundamental a la hora de educar a tus hijos es saber cómo comunicarte con ellos para que adquieran esa mirada positiva que deseas transmitirles. No olvides que tu hijo tiene mucho margen de error dado que su cerebro se está desarrollando.

6. **Acompaña a tu hijo en su crecimiento.** Dale tiempo para crecer sin prisas y ten en cuenta que su propia experiencia será su mejor maestra. Respeta sus distintos puntos de vista, acepta que pueda ser irracional o ingenuo y agradece que así sea. Adáptate a él y acompáñalo en su aventura de vivir. La infancia de tu hijo es un momento único en tu vida, un momento mágico, la mejor época para disfrutar juntos padres e hijos.

7. **Demuestra que sabes ser adulto.** Ser adulto no significa convertirse en un sargento, en profeta o sabio. Ser adulto significa que has vivido más experiencias y tu cerebro ha madurado. Ello implica actuar desde el conocimiento y la responsabilidad en la tarea de buscar la mejor educación para tus hijos, y para este propósito debes ser tú quien se ponga en su piel y comprenda sus arrebatos emocionales, nunca al revés. Si aprendes a manejar las situaciones desde la objetividad y asumiendo esta diferencia, seguramente será mucho más sencillo llegar a acuerdos, transmitir lo que deseas y entenderos mutuamente.

8. **Educa desde la valentía, no desde el miedo.** Siempre que puedas intenta transmitirle seguridad, tranquilidad y confianza, y evita transferir tus temores a tu hijo. Anímalo a comprender y gestionar sus emociones y a actuar desde la valentía. Esto le ayudará a reconocer que dispone de herramientas para afrontar sus dificultades y a ganar en autoestima. No le hagas partícipe antes de tiempo de las preocupaciones de los

adultos, pero tampoco le ocultes los hechos importantes de la vida. Enséñale y ayúdale a entender de una manera sana y a su tiempo que la enfermedad, el dolor o la muerte también existen y forman parte de la existencia.

9. Para comunicarte **utiliza su canal, no el tuyo.** Aprende a escuchar y comunicarte con tu hijo desde pequeño teniendo en cuenta la etapa en la que se encuentra. Muestra interés por su realidad, adáptate a los cambios normales de su desarrollo y acéptalo como es, una persona única y seguramente la más importante de tu vida.

10. **No olvides nunca que en la infancia se establecerán sus bases emocionales,** su esquema de vida. Como pronto entenderás en detalle, el cerebro del niño es mucho más moldeable y capaz de transformarse que el de un adulto, un cerebro en constante desarrollo que a través de las experiencias y educación va a formarse su idea del mundo, la familia, las relaciones y, sobre todo, de sí mismo. Ten presente que tu esfuerzo ayudará en la formación de esa idea, de esa realidad que esperas que, como un precioso cuadro, esté llena de colores, ilusión y posibilidades. Los primeros años de vida son los más importantes en la formación de esta base, por ello intenta educar desde el amor y la comprensión, y ten en cuenta los puntos anteriores.

Gracias por acompañarme en este viaje en el que espero ayudaros a hacer de vuestras vidas un lugar más bonito y agradable. Un espacio en el que también exista el miedo, pero uno que no sea tan limitante, terrorífico o angustioso, sino más bien una brújula que ayude a tu hijo a conocerse mejor y enfrentarse de una manera más positiva a la vida.

CONOCIMIENTO

Miedo, estrés y ansiedad: tres elementos que van de la mano y pueden influir negativamente en la vida de tu hijo y, sobre todo, en su desarrollo hacia la edad adulta. Estos indicadores pueden ayudarnos a reconocer cuándo es el mejor momento de actuar para ayudarles a gestionar mejor ese tipo de emociones.

Todos deberíamos saber —y espero que este libro te ayude a ello— que los niños tienen mucha menos consciencia del mundo emocional que los adultos, ya que sus cerebros se están formando, aprendiendo en buena medida de su propia experiencia. Por ello se hace indispensable que, como buen padre o madre, no solo seas su maestro, sino sobre todo su ejemplo. Así, al cuidar de ti mismo, controlar tus emociones y comprender el funcionamiento de estos elementos, ayudarás a tu hijo a gestionar su propia experiencia.

Los seres humanos podemos experimentar muchas emociones. Todas ellas deben considerarse no como algo bueno o malo, sino más bien como indicadores que nos ayudan a disfrutar de una vida mejor. En el caso de los trastornos mentales, y más en concreto los asociados a la ansiedad, existe una relación muy directa entre esta y el miedo y el estrés. Si conseguimos entender bien este vínculo, eso puede facilitarnos la prevención y respuesta en cuanto a los trastornos emocionales que puede sufrir nuestro hijo, tanto ahora como en su edad adulta. Para conseguir que seas todo un maestro en estos temas, esta sección te enseñará a mejorar esta gestión emocional y a que contribuyas a que tu hijo la consiga.

El miedo mal entendido y atendido, unido a niveles altos de estrés, son el mejor caldo de cultivo de problemas como el trastorno de ansiedad. Aunque a lo largo del libro vamos a entrar en detalle en cada uno de estos elementos, podrían resumirse así:

- El **miedo** es la emoción que surge ante la presencia de un peligro, ya sea real o imaginado.
- El **estrés** es la reacción fisiológica del cuerpo al percibir una amenaza, que también puede ser real o imaginada.
- La **ansiedad** es la emoción que nos mantiene alerta para responder a situaciones o experiencias amenazantes que podrían poner en riesgo nuestra vida. Esta alarma también puede activarse ante un temor o amenaza irracional o irreal.

Todos estos elementos tienen el propósito de protegernos ante los peligros exteriores, es decir, preservar nuestra vida. Sin embargo, cuando estos miedos son extremos y recurrentes en el tiempo, actúan de una manera negativa en nuestro organismo, que queda sometido a un cóctel emocional y hormonal. Si la ansiedad, el mecanismo de alarma por excelencia en los seres humanos, se mantiene durante mucho más tiempo y de una manera mucho más potente de lo que debería, produce el trastorno de ansiedad, que afecta negativamente la vida de quien lo sufre.

A continuación verás cómo funciona el cerebro del niño y cómo se está desarrollando, para que así descubras cómo comunicarte con tu hijo de la mejor manera posible y, sobre todo, para que entiendas que es en estas primeras etapas de la infancia cuando más importante se hace transmitir amor y seguridad, en lugar de exigencias, creencias limitantes o miedos irracionales.

1

El desarrollo y las etapas del niño

Aprende a educar a los niños y no será necesario castigar a los hombres.

PITÁGORAS

Sé que no existen manuales que nos aseguren cuál es el mejor camino para alcanzar la felicidad y, menos aún, cómo conseguir esta felicidad para los más pequeños. Pese a ello, cuanto más conozcamos los problemas y de mejores herramientas dispongamos para sortearlos, más fácil resultará superar las tempestades, tanto a nosotros mismos como a nuestros hijos. Teniendo todo esto en mente, mucho más importante que enfrentar por tu cuenta las dificultades de tu hijo, o procurar evitárselas, es que le eduques y ayudes a ser consciente de esos problemas de los que también está hecha la vida.

Según las estadísticas, la principal causa de visita al médico en la actualidad se debe a este tipo de trastornos. Entre ellos el estrés, la ansiedad y la depresión son los más comunes, y por desgracia afectan cada día más a los más pequeños. Según el Instituto Nacional Español de Salud, uno de cada tres adolescentes entre 13 y 18 años sufre ahora mismo un trastorno de ansiedad, y entre un 3 y un 21% de los niños y adolescentes sufren o sufrirán trastornos como el de la ansiedad o la depresión en su infancia o edad adulta.

Como pronto entenderás, para superar estas dificultades es preciso comprender el problema, identificar cuáles pueden ser sus causas y desarrollar herramientas para recuperar la estabilidad del organismo. Sin duda el proceso requerirá esfuerzo, conocimiento y, sobre todo, actitud.

Si para los adultos ya es difícil gestionar este tipo de dificultades, lo es mucho más para un niño, ya que su cerebro está en constante evolución, por lo que puede ser más complicado ayudarle a utilizar la lógica o a equilibrar sus emociones. Sin embargo, existe otra cara de la moneda: su cerebro también es más moldeable, con lo que rápidamente podrá superar problemas. Además, si en sus primeros años le animamos a desarrollar herramientas para enfrentarse a estos y a poner en práctica una buena gestión emocional, le habremos ayudado a crear su mejor plantilla para la vida, una base que le facilitará en gran medida su propia búsqueda de la felicidad. Para ayudarte a educar a tus hijos de la mejor manera posible, a continuación detallaré las principales etapas en el desarrollo infantil.

1.1. La infancia, su plantilla de vida

> Todas las personas mayores fueron al principio niños, aunque pocas de ellas lo recuerdan.
>
> ANTOINE DE SAINT-EXUPÉRY

La infancia es la época de la vida en la que se crean las bases de nuestra personalidad. En este espacio de tiempo se establece el esquema con el que después, ya de adultos, afrontaremos la vida. Y, precisamente porque aún se está formando, en este momento es mucho más fácil moldear, cambiar y mejorar esos fundamentos. A grandes rasgos, existen dos grandes etapas:

- **la primera infancia,** hasta los ocho años de edad
- **la segunda infancia,** desde los ocho años a la edad adulta

Desde el punto de vista emocional, los cambios más importantes se producen en la **primera infancia,** momento en que se conforman nuestras emociones y la plantilla sobre la que se fundamentan las relaciones sociales. En esta primera etapa de la vida, el cerebro es mucho más flexible que en cualquier otra edad, de modo que puede adaptarse y cambiar fácilmente. Sin embargo, cualquier cambio será mucho más sencillo si se apoya con cariño y empatía. Por ello, como padre debes entender que cuanto antes intervengas en esta mejora, más fácil te será ayudar a tu hijo a desarrollar su mejor versión de sí mismo.

En la **segunda infancia** puede ser más complicado introducir cambios, pero sin duda será más sencillo que en la edad adulta, ya que el cerebro a estas edades todavía se está desarrollando. Una vez adultos cualquier modificación resulta más ardua, pues a lo largo de la vida vamos integrando elementos al esquema vital que fue creado en nuestra infancia. Por eso de mayores también se hace más difícil aceptar los posibles errores en nuestras bases y trabajar por mejorar tanto a nivel racional como emocional. Puede que aquí nazca el dicho: «El ser humano es el único animal que tropieza dos veces —o doscientas— con la misma piedra».

Uno de los errores más comunes entre padres y madres es creer que lo saben todo y que todo vale. Por este motivo, mucho más importante que exigir es saber acompañar a tus hijos, entender que nadie sabe más que nadie, únicamente se están viviendo etapas distintas. Los adultos deben ser conscientes de su experiencia y recurrir a ella para mejorar el desarrollo de sus hijos. Es fundamental comprender cómo funciona el cerebro del niño para saber cuál es la mejor manera de comunicar con él, cuáles son sus miedos o motivos de estrés o cuándo puede estar viviendo problemas emocionales complicados, situaciones en las que los adultos podemos ayudar, y mucho.

1.2. El cerebro del niño

Para adentrarnos en los detalles del desarrollo de los más pequeños, resulta imprescindible comprender cómo funciona su cerebro.

A grandes rasgos, podemos entender que tenemos tres mentes: una que piensa, otra que siente y otra que ejecuta una respuesta basándose en las indicaciones de las dos anteriores. Estas estructuras operan como tres ordenadores interconectados, cada una con su propia inteligencia, control, subjetividad, sentido del tiempo e incluso memoria.

- El neocórtex, o cerebro racional, la parte del cerebro que evalúa y da el justo valor a las cosas.
- El cerebro límbico, o emocional, formado por las emociones y la memoria emocional.
- El cerebro reptiliano, el más primitivo, instintivo y automático de todos. Un ejecutor con una única misión: mantenernos con vida.

EL CEREBRO RACIONAL

Es la parte más moderna y extensa de todas, ya que ocupa hasta un 76 % de la estructura cerebral. La mente racional nos ayuda a comprender la realidad, es más despierta y capaz de reflexionar.

Gran parte de nuestro éxito como especie se debe a ella, ya que esta capa especializada nos permite llevar a cabo tareas como la resolución de problemas, la toma de decisiones o el autocontrol, aptitudes que nos ayudan a disfrutar mejor de la vida si aprendemos a utilizarlas a nuestro favor. Conocimientos, recuerdos, capacidades y experiencias deberían servir para encaminar nuestra lógica en busca de soluciones o acciones que nos hagan más felices, alejándonos de trastornos emocionales o mentales. Sin embargo, pronto entenderás que «razonar» no lo es todo en la vida.

En el caso de los adultos, la capacidad racional se ha desarrollado plenamente... aunque a veces no lo parezca.

Como padres, la principal función de esta parte del cerebro debería ser aprender a regular las emociones para no transmitir al niño nuestros problemas, además de ser conscientes y racionales cuando tengamos que comunicarnos con él. El cerebro racional debe ayudarnos a entender que las etapas por las que va pasando nuestro hijo, así como su comportamiento, guardan una relación directa con su desarrollo cerebral.

En los niños, cada una de estas capas empieza a desarrollarse a partir de una edad determinada. Durante la infancia, la mente racional aún no se ha formado, o se encuentra en proceso de maduración. Por eso, si intentamos interactuar con un niño pequeño, es del todo inútil tratar de hacerle entrar en razón o pedirle que tome la mejor decisión.

Seguramente muchos cambios personales empiezan por la razón, pero será otra parte del cerebro, la emocional, la que nos indicará mediante su inteligencia y sus propias señales esta necesidad de mejora.

El cerebro emocional, o límbico

El cerebro emocional es más antiguo que el racional, se trata de una región que apareció con los mamíferos más primitivos. Es más impulsivo y poderoso, aunque muchas veces, por desgracia, también más irracional e ilógico, ya que actúa de manera automática basándose en un sistema binario que considera las situaciones como buenas y malas, por más que en ocasiones se equivoque.

Existe normalmente una comunicación entre razón y emoción, pero cuanto más fuerte es la emoción, más dominante se hace la mente emocional y menos poder tiene la racional. Esto se debe a la ventaja evolutiva que nos proporciona este tipo de respuestas automáticas para afrontar situaciones que podían ponernos en peligro, experiencias en las que «pararnos a pensar» —con la pérdida de tiempo que ello conlleva— podía acarrear consecuencias desastrosas.

Seguramente uno de los ejemplos más comunes sea el ataque de un depredador, como un tigre o un león. Como puedes comprender, en dichas situaciones la razón no sirve de mucho, y el hecho de estudiar la situación basándonos en la lógica en lugar de actuar automáticamente partiendo de las emociones puede significar la diferencia entre la vida y la muerte. Hoy en día los ejemplos son otros y muy diversos, como pronto entenderás. Así funciona este cerebro que, aparte de ser indispensable para mantenernos con vida, es también el responsable de la aparición de nuestra memoria emocional, cuya utilidad tiene mucho que ver con el aprendizaje y la memoria. Cuando una conducta produce emociones agradables, tenderemos a repetirla o intentaremos cambiar nuestro entorno para conseguirla; mientras que, si produce dolor, la recordaremos y evitaremos tener que experimentarla otra vez. Así surgen los deseos y las metas, pero también las fobias y las obsesiones.

Muchos problemas emocionales parten de esta dualidad y simplicidad, ya que cuando nos dominan las emociones, la mente racional no puede hacer gran cosa para evitarlo.

Y es precisamente ante ese tipo de situaciones en que la emoción, y no la razón, controla nuestros actos, durante esos estados de alerta en los que nuestro organismo se siente en peligro, cuando el cerebro emocional se comunica directamente con el cerebro reptiliano, la capa más antigua de todas, para desatar una respuesta en nuestro organismo que consiga mantenernos a salvo.

El cerebro de reptil, el ejecutor instintivo

Fue nuestro primer cerebro, que se inició en los reptiles hace muchos millones de años. El ser humano evolucionó, y con su desarrollo nuestra materia gris también cambió, dando lugar a la aparición del sistema emocional y, más tarde, del racional.

Ahora que conoces el funcionamiento del cerebro sabes que el hecho de evaluar una emoción como peligrosa puede activar al último de los complejos cerebrales, el cerebro reptiliano, desencadenando una reacción que nos prepara para el ataque o la huida, las dos únicas respuestas que este sistema entiende como válidas y cuyo único objetivo es intentar mantenernos con vida.

El cerebro reptiliano gestiona nuestra supervivencia controlando funciones básicas del organismo como:

- el flujo sanguíneo
- el sistema hormonal
- la respiración
- la temperatura del cuerpo
- el subconsciente
- la sensación de hambre y sed
- la digestión
- el equilibrio
- la vista

Una lista de funciones que guarda relación directa con el trastorno de ansiedad y sus síntomas. Todo se debe a una razón muy básica: la ansiedad surge de esa necesidad de sobrevivir, y sus síntomas nacen aquí, en el cerebro reptiliano. Un mecanismo sumamente útil que aumenta el flujo sanguíneo hacia los músculos, proporciona energía extra al organismo aumentando la presión sanguínea, acelera el ritmo cardiaco y el azúcar en sangre, e incluso consigue que el cuerpo se vuelva lo más fuerte y rápido posible aumentando la tensión muscular gracias la liberación de hormonas como la adrenalina. Una respuesta perfecta si la amenaza es real, pero un verdadero infierno cuando la amenaza solo existe en nuestra mente.

1.3. Las edades del cerebro y cómo acompañar a tus hijos en su desarrollo

> La mejor manera de abordar las enfermedades mentales es ocuparse de los niños.
>
> SUE GERHARDT

Durante todas las etapas del desarrollo de un niño se van generando nuevas conexiones neuronales y cambios en su cerebro. Los primeros años de vida son fundamentales, ya que en ese breve periodo de tiempo el cerebro dobla su tamaño y cambia a gran velocidad. Un ritmo y un crecimiento que jamás alcanzará después.

En la primera infancia se desarrollan sistemas y mecanismos cerebrales importantísimos, en particular los que se usan para gestionar la vida emocional y responder al estrés. Debido a ello, se trata de una etapa crucial, ya que todo esto tendrá muchísimo que ver en la futura salud del niño, tanto física como mental. En este periodo se asientan las bases de su propia plantilla de la vida, las bases con las que tus hijos afrontarán las experiencias y reaccionarán a los problemas también de mayores. Como padre o madre, para educar de la mejor manera posible a tus hijos, ten siempre en cuenta que cuanto mejor puedan desarrollar esta plantilla, mucho más prometedor será su futuro.

Por desgracia, en ocasiones los padres no tienen en cuenta la fase vital por la que pasan sus hijos y anteponen sus propios intereses o su forma de entender la vida a la de ellos. Cuando esto sucede cuesta darse cuenta de que se les está exigiendo más de lo que pueden dar y de que el error es únicamente de los padres. Un elemento clave en la educación de tu hijo es reconocer la etapa por la que está pasando para entender que no es que no quiera actuar de una manera más adulta, sino que simplemente no puede.

La infancia es una fase en la que tenemos que respetarlos y amarlos sin condiciones, ya que sus vidas, cuerpos, cerebros y bases se están formando. Una etapa en la que sufrirán tormentas emocionales, momentos en que el descontrol y el desequilibrio podrá con ellos, periodos en que funcionarán muchas veces por instinto, movidos por la emoción y con poco uso de razón. Un periodo en que, como vas a entender, muchas veces sus sistemas cerebrales no comunicarán ni funcionarán como el de los adultos, porque aún no es el momento.

Frente a esta realidad, la necesidad de todo padre es aprender y ser consciente de ello. Ser responsables para equilibrar nuestras emociones, comprender, escuchar y amar, entendiendo que lo que realmente significa ser adulto no es otra cosa que reconocer que somos nosotros los que ya hemos madurado hasta el punto de tener que ponernos siempre en el lugar de los hijos, en su pellejo, en su cerebro, aprendiendo a comunicar con ellos a través de su canal, no del nuestro. Una comunicación que como ahora entenderás, depende totalmente de la etapa vital y cerebral en que se encuentran.

Se cree que, hasta el **año de vida**, el cerebro que rige la conducta del niño es únicamente el reptiliano, o instintivo. Es por ello por lo que un bebé actuará únicamente con el objetivo de cubrir sus necesidades básicas de hambre, frío o sueño, utilizando para ello su instinto de supervivencia. En este nivel, seguramente de poco o nada sirve que como padre intentes razonar con tu bebé, ya que cuando sienta una necesidad, este optará por gritar o llorar, su único recurso para comunicarse.

Este es uno de los motivos por los que se hace tan importante prestar atención a aspectos aparentemente tan «poco dañinos» como dejar llorar a un bebé hasta que se duerma, o considerar que debemos tratarlo como a un adulto para que aprenda. Ten en cuenta que nada va a aprender, ya que en su cerebro no existe la lógica. Por otra parte, en esta primera etapa de vida, el bebé no tiene herramientas para gestionar y convivir con altos niveles de estrés, lo cual puede traerle graves problemas tanto físicos como mentales en el futuro.

Seguramente no existe un profesional en el mundo que considere que el hecho de que un niño llore por la noche se deba a un trastorno o a la sobreprotección de los padres, o menos aún que hacerle caso pueda llevar consigo crear hijos mimados. Todos deberíamos entender que esta respuesta se debe al comportamiento natural del niño, un ser desvalido que no se puede defender por sí solo y cuyo cerebro se está desarrollando, un bebé que necesita a sus padres para obtener protección y alimento, un pequeño cuya única herramienta —su manera de reclamar atención y presencia— es llorar, gritar o patalear.

La mejor manera de comunicarte con tu hijo en esta temprana etapa, sabiendo que su **cerebro reptiliano** es el que domina, es aceptar que en este momento solo se rige por el instinto de supervivencia. Aquí no hay razón ni emociones, con lo que de nada vale que le hables de normas, razones o le eches en cara su mal comportamiento. Es un bebé, y su cerebro primitivo es el único que gobierna en él. Por eso reacciona con gritos o llantos cuando precisa satisfacer alguna de sus necesidades básicas, como el sueño, el hambre o el dolor.

Cuando esto suceda, la mejor manera de responder y atender a tu hijo será identificar cuál puede ser la necesidad que le ha hecho reaccionar así para a satisfacerla desde el cariño y la calma.

La fase del instinto y las emociones

A partir del primer año, la parte emocional del cerebro comienza a interactuar y convivir con la mente reptiliana. En esta etapa la conducta del niño viene guiada por este sistema, que procura satisfacer sus necesidades de amor y seguridad, además de sus necesidades básicas.

La misión más importante en los padres en estos momentos es conectar con el sistema emocional del niño a través de las normas y reglas, pero sobre todo con afecto. La salud emocional del niño se está creando y, cuanto más amor sepamos darle, más fuerte y saludable va a ser.

Si notas que el **cerebro emocional** de tu hijo lleva la voz cantante y se encuentra en esta etapa vital, algo que detectarás si tu hijo actúa motivado por emociones como la ilusión, la rabia, el miedo o el cariño, la mejor manera de comunicarte con él es actuar teniendo en cuenta ese sistema binario con el que, como ahora sabes, funciona el cerebro emocional. Ten en cuenta que este cerebro puede ser el dominante tanto a esta edad como más adelante.

Si son emociones agradables, tu hijo buscará satisfacerlas conforme aquello que está sintiendo. Por ello, si desea cariño, dáselo (hazlo incluso cuando no lo necesite); si está ilusionado, ayúdale a conseguir lo que anhela, o si algo le provoca asombro, ayúdale a disfrutarlo y a seguir asombrado.

Si por el contrario se mueve por emociones como el miedo o la frustración, no las consideres como algo negativo ni intentes evitar lo que sucede. En lugar de eso, arrópale con cariño y ayúdale a sentirse seguro, dale amor y calma, y enséñale a lidiar mejor con este tipo de sentimientos. Como pronto entenderás con mayor detalle, la solución no es evitar los miedos, sino aprender a gestionarlos.

Cuando el cerebro emocional empieza a formarse, el instinto ya no rige todo su comportamiento, por lo que a partir de estas edades podemos ir trabajando las emociones y no existe la necesidad de viciar a los niños continuamente. Muchas veces tus hijos pueden tener respuestas emocionales erróneas o desmesuradas, como en casos de frustración extrema, miedos irracionales o rabietas descontroladas.

Nuestro deber de adultos es comprender una u otra situación y abordarla de la mejor manera, entendiendo que son niños y que en su mundo ciertas cosas estarán magnificadas, o que sus actos pueden deberse también a una mezcla de emociones e instinto que hacen más potente ese tipo de reacción. Por eso, a partir de estas edades podemos empezar a educarlos en la disciplina, pero siempre desde el cariño, aceptando las rabietas y las frustraciones como parte de su desarrollo.

La mejor manera de comunicarte con tu hijo en esta etapa emocional es siendo lo más empáticos posible. Para ello utiliza besos, abrazos, un tono de voz mesurado, comprensión y cariño: las mejores armas para conectar con su parte emocional. Entiende que durante esta etapa las explicaciones lógicas en ocasiones no sirven de mucho.

INSTINTO, EMOCIÓN Y UN POCO DE RAZÓN

Alrededor del **cuarto año de vida**, el cerebro racional empieza a ganar protagonismo. En esta fase los niños empiezan a ser capaces de frenar sus impulsos emocionales negativos y equilibrar sus emociones ayudándose de la razón. Por eso, a partir de esta etapa es importantísimo comenzar a hablarles sobre las emociones, la bondad o la buena conducta, ya que empiezan a entender las cosas, y cuanto mejor les eduquemos en la gestión emocional, mucho mejor.

Algunos estudios demuestran que, a partir de los cuatro años, algunos niños empiezan a desarrollar determinadas funciones orientadas a la toma de decisiones, como la memoria de trabajo, la inhibición y la flexibilidad para adaptar la conducta a situaciones nuevas o cambiantes. Sin embargo, estas capacidades lógicas no terminan de madurar hasta pasados los veinte años, por lo que un menor necesitará del adulto y sus consejos para guiar su conducta, comportamiento y aprendizaje durante todo el proceso. Por otra parte, es preciso ser conscientes de que no debemos pedir a nuestros hijos lo que no pueden darnos, ya que difícilmente tendrá la misma capacidad de toma de decisiones un niño de cinco años que un adolescente de dieciocho.

A los cuatro años, la **parte racional** comienza a formarse. En esta etapa los cerebros dominantes son el emocional y el racional, pero siempre habrá lugar para el cerebro más primitivo de todos y sus respuestas instintivas. Cabría decir que, hasta el año, el instinto domina la vida del niño; del primer año a los cuatro se rige por una mezcla entre instinto y emociones, aunque las emociones pueden ayudar a regular el instinto; y a partir de los cuatro años los tres cerebros comienzan a trabajar juntos, unidos y muchas veces revueltos, ya que cualquiera de ellos puede tomar el control de la situación en exclusiva. Cuando el cerebro racional empieza a desarrollarse, veremos que el niño puede recordar hechos, hacer planes para conseguir objetivos, concentrarse o sentirse preocupado. Es también la época en que se afianza el lenguaje y en que el pequeño se inicia en la toma de decisiones o en el equilibrio de sus emociones, siempre poco a poco y dependiendo en buena parte de cómo lo hayamos educado.

Un buen ejemplo de esta interacción entre los tres cerebros se da cuando un niño es capaz de razonar y controlar sus emociones durante el día, pero tras una jornada en la escuela y el parque llega la hora de dormir y, debido al agotamiento, sus cerebros emocional y racional se apagan dando paso al más antiguo de todos. Seguramente como padre o madre hayas vivido muchos de esos extraños momentos en los que, llegada la noche, tu hijo o hija parece haber salido de la película *El exorcista*. Si es así, ahora ya sabes por qué ocurre.

Debido a ello, en la infancia el autocontrol dependerá en buena medida de los padres o tutores, adultos que ayuden al niño a regular su conducta hasta que se desarrolle del todo la parte racional de su cerebro que le permita hacerlo por sí mismo. El niño necesita de un adulto, un ejemplo que ayude a formar su cerebro en condiciones.

En buena medida, esa falta de necesidad en la toma de decisiones o de equilibrio emocional hace que la **infancia sea una etapa más tranquila y menos exigente que la adolescencia**, ya que un niño no sabe ni puede utilizar la parte racional de su cerebro, y buena parte de esta responsabilidad recae en sus padres. Sin embargo, no sucede lo mismo con los adolescentes...

La adolescencia podría definirse como la época en que los niños se transforman en adultos. Seguramente debido a todos los cambios que se producen en tan poco espacio de tiempo, esta puede considerarse una de las etapas más complicadas y emocionalmente inestables de una vida, un periodo en el que hay que estar todavía más pendientes, si cabe, de los hijos. El cuerpo y la mente se transforman rápidamente y, por si no bastase con eso, el adolescente se autoexige demasiado. Debe comenzar a velar por su futuro, aprender a tomar decisiones, equilibrar su mundo emocional y ejercitarse en hacer muchas otras cosas por sí solo.

Como veíamos, el cerebro del niño no se desarrollará del todo hasta la edad adulta, y en la **adolescencia es cuando esa parte racional es más cambiante.** La tormenta emocional y mental que viven se debe en gran parte a que en esta etapa se da una remodelación del cerebro, específicamente en la corteza prefrontal. Evolutivamente, esta transformación sirve para ayudar a que el niño desarrolle todas las habilidades necesarias para finalmente abandonar el nido y transformarse en un adulto independiente.

Por ello, en esta etapa se vive todo con gran intensidad, hasta tal punto que las pasiones pueden hacerse incluso peligrosas si el adolescente no aprende a gestionarlas. También es el periodo en que se da una mayor conexión social, se busca probar y hacer cosas nuevas e incluso se intenta cambiar el mundo.

Sin duda, los adolescentes se enfrentan a grandes desafíos, presiones, estrés o tentaciones, en un momento en que sus cerebros aún no están del todo desarrollados. No es solo que los adolescentes no hayan tenido tiempo para adquirir experiencia del mundo, sino sobre todo que **sus problemas vitales se deben a que sus cerebros aún no han madurado físicamente.**

Por todo ello, si eres padre o madre de un adolescente, y en ocasiones has sido muy duro o dura con él, intenta recapacitar y reconocer tus errores y deja de pensar que como has pasado por ello, deben hacerte caso. Cuando vuelvas a enfrentarte a un conflicto, recuerda las etapas de tu hijo. Como adulto, ahora piensas con un cerebro distinto al que tenías en aquella época, y tanto tu persona como tu ambiente y necesidades son muy distintas. Ser más humilde y reconocer tus errores a tus hijos te harán ganar muchos puntos en cuanto al cariño y confianza que ellos depositarán en ti.

Teniendo en cuenta que en esta etapa pueden sucederse situaciones peligrosas en su vida y conducta, como padre es normal que surjan preguntas como estas: ¿Qué puedo hacer para asegurarme de que se esté desarrollando de la mejor manera? ¿Qué puede hacer mi hijo adolescente para ayudar a su cerebro en esta transición hacia la edad adulta? ¿Cómo puedo estar alerta y prevenir esos posibles peligros antes de que sucedan?

Tu trabajo como padre debe ser ayudarles a que bajen el ritmo y reflexionen más y mejor. Ayudarles a que su cerebro racional evolucione y se afiance, animándoles a que, en lugar de dejarse llevar únicamente por la emoción, se basen en la razón para mantener la calma, controlar sus impulsos y tomar mejores decisiones.

Muchos pueden ser los consejos, pero tal vez uno de los que más puedan ayudar a tus hijos, y también a ti, es hacerles comprender que la adolescencia es una etapa hacia la edad adulta, una transición hacia una vida con mayor libertad, pero también con mayores responsabilidades. Cuanto más claro y prometedor sea ese futuro para tu hijo, más sencillo será que en lugar de dejarse llevar por las dificultades propias de su edad, vaya más allá y se centre en lograr esos pasos que necesita.

Como padres, durante esos años se hace indispensable estar alerta a las señales de advertencia de lo que pueden ser problemas emocionales complicados o serios en tus hijos, debido a que sus conductas en ocasiones tienen un poder emocional tan alto, que incluso puede poner en peligro sus vidas.

Una buena guía durante esta etapa podría ser considerar que, mientras sean sociales, hagan deporte, se alimenten, duerman bien y trabajen en función del cumplimiento de esos objetivos que les hemos ayudado a trazar, podemos estar tranquilos. Pero si observamos que están retraídos o muestran un mal comportamiento, si no se alimentan correctamente, no duermen en condiciones o pierden interés por sus metas o sueños, si sentimos que lejos de estar ilusionados se sienten deprimidos, ansiosos o alicaídos, o sus niveles de estrés son muy elevados, puede ser el momento de reconocer la alarma, comunicarte con ellos desde el corazón y buscar ayuda.

Reconocer las etapas del niño es indispensable para asumir como padres que los hijos no son adultos ni son de nuestra propiedad. Un hijo es una persona que evoluciona, alguien que aprende a través de su experiencia y desarrollo, por lo que no servirá de gran cosa que les repitas que tú ya pasaste por eso. Puedes estar seguro de que en aquel momento también fuiste un niño o un adolescente, una persona con un cuerpo, cerebro, realidad y necesidades totalmente distintas a las del adulto que hoy eres.

1.4. Comunica en su canal, no en el tuyo

> Se necesitan dos años para aprender a hablar
> y sesenta para aprender a callar.
>
> ERNEST HEMINGWAY

Seguramente ahora entiendes mejor cómo funciona tu hijo, también cómo lo hace su cerebro, y que la infancia es el momento más importante para trabajar en su educación, cuando se está creando su plantilla de vida.

Recuerdo que de pequeño no me gustaba nada la cerveza, o que las películas de mayores eran un auténtico tostón y prefería los dibujos. Me bastaba una pelota de fútbol y un muro para sentirme feliz, y cuando veía a los mayores besándose en la boca me entraban náuseas. Más tarde, en la adolescencia, una ruptura amorosa me parecía el fin del mundo —o al menos del mío—, y vivía en una «época rebelde» en la que creía entenderlo y saberlo siempre todo. Y ahora que soy adulto y estoy escribiendo estas páginas me pregunto: ¿Qué tenía de malo ser o pensar así?

Creo que nada, y también pienso que seguramente si volviese a vivir aquellos años, repetiría muchos de esos mismos «errores». Lo creo así porque sé que en esa etapa era así como sentía y razonaba, algo muy común a todos los de mi edad. Del mismo modo que de pequeños creíamos en el lobo, en el ratoncito Pérez o en los Reyes Magos, o que de adultos consideramos algunas cosas más o menos importantes.

La experiencia nos da herramientas que pueden ayudarnos a afrontar mejor los problemas, pero como ahora entiendes, nuestro cerebro no es ni será el mismo a una edad que a otra. Los niños seguirán temiendo cosas parecidas y, llegados a la adolescencia, seguirán sintiéndose rebeldes sin causa. Así funciona el ser humano y así seguirá haciéndolo, así que de nada sirve entender las cosas solo desde la perspectiva del adulto.

Imagina que, como ser racional, en algún momento de tu vida tuvieras que hacer comprender a un chimpancé la manera de encontrar la solución a un problema. ¿Qué pasaría si intentases hablarle en tu idioma para explicarle la manera más lógica de conseguirlo?

Pasaría que pronto te darías cuenta de que no llegáis a ningún acuerdo...

Plantéate ahora una sencilla cuestión: si esto ocurriese, ¿quién demostraría tener menos inteligencia, tú o el mono?

La respuesta lo dice todo y, siendo consciente del modo en que funciona el cerebro de tu hijo, deberías comprender que, hasta ciertas edades, la intransigencia o la disciplina excesiva no solo no sirven de nada, sino que generan muchos problemas y malestar, y peor aún, es una forma de actuar del todo ineficaz, ridícula e irracional.

Está claro que tu hijo no es un chimpancé, sino un ser humano único y especial, pero cuyo cerebro está evolucionando y aún no ha madurado del todo. Sabiendo esto, me encantaría que siempre que te pongas tan serio y hagas uso de tu buena lógica para cuestionar a tu hijo o regañarlo, intentes empatizar con él y recuerdes uno de los puntos más importantes de este libro: que los niños pasan por diferentes etapas y que estas dependen de su particular desarrollo cerebral.

Así entenderás que eres tú quien debe ponerse en su situación, comunicar en su idioma, ponerse a su nivel. Te puede costar más o menos aceptarlo, pero tarde o temprano te darás cuenta de que, si quieres mantener una buena comunicación con tu hijo, es tu obligación como adulto saber tratar con él en su terreno, no en el tuyo.

La mejor manera de conseguirlo es utilizar la lógica acompañada de la empatía y el cariño. En primer lugar, razonar para entender a nuestro hijo, y a continuación ponernos en su lugar. Un niño necesita confianza para revelarte sus ideas e inquietudes, y más aún —aunque pueda parecer lo contrario— cuando llega a la adolescencia. Por ello, antes de hablar escucha, no solo oigas. Escucha entendiendo quién es tu hijo, cuál es su edad, sus ilusiones y sus propias necesidades. Y solo después de haber escuchado, habla.

Como seres humanos tenemos control sobre la razón, menos sobre las emociones, y poco o ninguno sobre el instinto que se activa cuando algo dentro de nosotros lo siente necesario. Por ello, si enseñásemos a nuestros hijos a mantener una buena comunicación entre estos cerebros, podríamos evitar la aparición de muchos trastornos emocionales que pronto conocerás en detalle.

2

Las bases de la ansiedad

El conocimiento es el antídoto del miedo.

RALPH WALDO EMERSON

La palabra «emoción» significa 'movimiento hacia'. Esto se debe a que toda emoción implica un movimiento, una acción que nos ayuda a aprender, entender o experimentar.

Un buen ejemplo de cómo funcionan las emociones sería pensar en la conducta que suscita en los padres el llanto de un bebé. Podría apostar contigo, y seguramente no perdería ni un céntimo, a que los del tuyo te provocaban o siguen provocando una reacción casi automática. Esa sería la función del llanto, un arma de atención paterna infalible que obtiene mejores resultados a medida que se incrementan los decibelios y la intensidad. Y todo se debe a la profunda emoción que provoca en nosotros.

Toda emoción provoca cambios físicos y también psicológicos en quien la experimenta. El amor, por ejemplo, nos puede hacer sentir un hormigueo en el estómago, ponernos el vello de punta o hacer a nuestra piel adoptar esa textura conocida como «carne de gallina». Psicológicamente también se producen cambios, cambios que seguramente has sentido ante las palabras de tu hijo, sus abrazos o su tierna mirada.

El amor, el miedo, el asco o la tristeza son emociones con funciones adaptativas. El primero puede ayudar a mantener un sistema de valores y dar mayor sentido a nuestra experiencia; el miedo contribuye a que nos cuidemos y alejemos de situaciones peligrosas; incluso el asco y la tristeza tienen un valor positivo, ya que pueden servir para que valoremos correctamente estímulos o experiencias. Y, por más que nos cueste creerlo, lo mismo sucede con la ansiedad: el mecanismo defensivo más evolucionado de que disponemos los seres humanos, un engranaje perfecto que, en alguna ocasión, a muchos nos ha salvado la vida.

La principal función de las emociones es hacernos aprender, mediante la memoria emocional, nuestros recuerdos. Para favorecer el aprendizaje, cuando nuestro cerebro almacena experiencias, no solo recopila hechos, también registra sentimientos. Además, para hacerlo más sencillo, esta memoria emocional utiliza un sistema binario con dos únicas opciones: la buena y la mala. De esta manera, la memoria registra situaciones como positivas o negativas, y asocia a ellas las emociones que experimentó al vivirlas. Este mecanismo nos ayuda a actuar tan rápidamente que se convierte en automático, con el fin de disfrutar de más momentos buenos y evitar los malos.

Así, por ejemplo, si un niño toca un horno caliente, experimentará un dolor intenso y registrará dicha experiencia como algo negativo y peligroso. A partir de ese momento, si en el futuro piensa en tocar otro horno, se disparará el recuerdo del dolor y el sufrimiento. Es decir, sus emociones evitarán que vuelva a ocurrirle lo mismo.

Las emociones ponen a nuestra disposición un increíble mecanismo con el que contamos desde que nacemos, un engranaje que puede ser extremadamente efectivo tanto para disfrutar como para ponernos a salvo de una manera absolutamente eficaz y veloz. Sin embargo, son un arma de doble filo, ya que también pueden hacer que situaciones neutras e incluso potencialmente buenas sean registradas como negativas, suscitando la aparición de trastornos o problemas mayores como fobias o traumas, reacciones excesivas o incorrectas debido a la manera en que esas emociones fueron registradas.

Trastornos emocionales en los que no siempre tenemos tanto control ya que muchas veces actuamos de una manera automática, debido a que ese registro negativo nos puede hacer entender que revivir esa experiencia puede resultarnos muy doloroso. De ahí la necesidad de comprender las diferencias entre las emociones y los trastornos emocionales.

2.1. Emoción vs. trastorno emocional

Para comprender mejor lo que distingue una emoción de un trastorno, observa la diferencia entre **ansiedad**, una emoción buena que sirve para que nos pongamos en alerta ante situaciones que pueden poner en riesgo nuestra vida, y el **trastorno de ansiedad,** un mal funcionamiento de esa emoción que, en lugar de ayudarnos a disfrutar de una vida mejor, consigue lo contrario.

Por ello, niveles de estrés elevados, una personalidad excesivamente temerosa, el descuido personal, los cambios hormonales o estar expuestos a situaciones que nos hacen tambalear pueden activar un trastorno de ansiedad; del mismo modo que la tristeza o culpa mantenidas pueden derivar en un trastorno depresivo. Dado que son las enfermedades más comunes de este siglo, e incluso se dan entre los más pequeños, nos conviene conocerlas, reconocerlas y saber tratarlas, tanto por nosotros como por nuestros seres queridos y en especial nuestros hijos.

2.2. Trastornos emocionales y cómo tratar con ellos

Este apartado va dirigido a ti como padre. Para que puedas entender lo que podría estar sufriendo tu hijo, he pensado dirigirme a ti en ocasiones como si fueras la persona que sufre este problema. Espero que entiendas gracias a estas páginas que, antes de intentar ayudar a alguien, es importante comprenderle y entender lo que puede estar sintiendo.

La palabra «trastorno» significa 'mal funcionamiento'. Así, cuando se sufre un trastorno emocional, alguna de las emociones no funciona correctamente, de modo que el cerebro emocional toma el control de la situación sin tener demasiado en cuenta a la razón. Por eso es poco adecuado intentar superar un trastorno de este tipo recurriendo solo a la lógica. Para enfrentarse a este tipo de problemas hay que reequilibrar las emociones al tiempo que se va dando poder a la razón para analizar de una manera más objetiva y menos emocional la situación, hasta adaptar nuestra conducta a ello.

La aparición de estos trastornos suele deberse a distintos motivos. No aparecen por una única causa, sino que es un conjunto de factores los que ocasionan el problema. Para superar un trastorno emocional es fundamental comprender los motivos, y entre los más comunes están los siguientes:

- **La genética:** Los antecedentes familiares suelen indicar una predisposición a padecer este tipo de trastornos. Esta predisposición no debería asustarnos, ya que si aprendemos a enfrentar este tipo de situaciones y prevenirlas con buena información y herramientas, podemos convertir el problema en una solución.

- **La química:** Existe una relación directa entre las hormonas que fluyen por nuestro organismo y la aparición de este tipo de problemas. Está demostrado que niveles bajos de serotonina tienen una incidencia directa en trastornos como la depresión, mientras que altos niveles de hormonas como el cortisol (la conocida como hormona del estrés) suelen estar asociados a trastornos de ansiedad.

- **El estrés y los traumas:** Se estima que más de la mitad de los trastornos emocionales surgen a raíz de una experiencia traumática o tras periodos de estrés elevado. Este es un aspecto que debemos tener muy en cuenta en la primera infancia, ya que, al no disponer de herramientas para gestionar las emociones, altos niveles de estrés en los primeros años del niño pueden dar lugar a desequilibrios y problemas futuros.

- **La personalidad:** Es el factor más moldeable e importante tanto para la aparición de los trastornos emocionales como para el modo de enfrentarse a ellos y la facilidad o dificultad para superarlos. La personalidad es un conjunto de rasgos mentales y emocionales que se van formando a lo largo de la vida, pero cuyas bases se crean en la infancia, una etapa en la que, como ahora sabes, los padres pueden intervenir en gran medida.

Como hace poco veías, la dualidad de nuestro cerebro emocional hace que nuestra memoria emocional registre los sucesos importantes, ya sean buenos o malos, para prestarles mayor atención. Si las emociones que conllevó esa experiencia fueron agradables, esta información se registra como buena y valiosa para que intentemos atraer estas vivencias a nuestra realidad y ganemos en felicidad. Por el contrario, cuando una situación tiene un impacto emocional negativo, estas experiencias son almacenadas como potencialmente dañinas.

La intención de nuestro cerebro es disponer de respuestas automáticas que eviten que repitamos las experiencias peligrosas, esquivando así el peligro. Las situaciones en las que se ha experimentado un miedo elevado, mucha angustia, sensación de asco o un susto imprevisto se asocian a un objeto, situación o ser vivo, y de esta manera queda establecida esa relación en nuestra memoria.

En cualquier vida pueden darse situaciones que provoquen un mal registro de experiencias o realidades. Eso, unido a algunos de los motivos que ya hemos visto, puede suscitar la aparición de problemas o trastornos emocionales. Ten en cuenta que, si tu hijo crece manteniendo un estilo de vida negativo, con pensamientos negativos recurrentes, autoestima baja y miedo o preocupación excesiva por las circunstancias en que se encuentra, es muy probable que esté más predispuesto a sufrir algún tipo de problema emocional y le resulte más difícil enfrentarse a él. Por ello, para conseguir que forméis un equipo valiente y seáis capaces de superar las peores dificultades, ha llegado el momento de entrar en detalle en el miedo y el estrés. Entenderlos mejor y saber tratar con ellos será fundamental en la vida de tu hijo.

3

El miedo

El miedo siempre está dispuesto a ver las
cosas peor de lo que son.

Tito Livio

Podríamos definir el miedo como la emoción que se experimenta ante la presencia de un peligro, ya sea real o imaginario. Un mecanismo humano tan necesario e importante como la respiración o la digestión, cuyo propósito es protegernos y mantenernos con vida. Evolutivamente, el miedo ha ayudado a nuestra supervivencia como especie, ya que cualquier animal que no supiese enfrentarse a situaciones peligrosas, seguramente se habría extinguido. Por ello es preciso entender al miedo como una emoción básica y beneficiosa, con un papel esencial en nuestra supervivencia.

Sin embargo, el miedo puede ocasionarnos problemas si respondemos a él de una manera desmesurada, bloqueando nuestras decisiones o poniendo en riesgo nuestras vidas. Por ello, más importante que escapar del miedo es aceptarlo y entenderlo, aprender a darle su justo valor y asumir que debemos perseguir nuestras metas, en ocasiones incluso con miedo.

Para otorgar el justo valor al miedo, el cerebro se vale de los sistemas emocional y racional conjuntamente. La memoria emocional busca en sus recuerdos experiencias parecidas, para entender de una manera casi automática si la situación podría causarnos algún daño. A su vez, la razón ayuda a tomar decisiones y evaluar correctamente la amenaza, haciéndonos entender si nuestra respuesta es justificada, o si podemos haber reaccionado de manera exagerada.

Si nuestros niveles de estrés son correctos y la reacción se debe a fobias o traumas, o a haber mantenido el miedo en exceso, es decir si estamos bien, lo más normal es que esta evaluación nos haga entender que la respuesta del miedo ha podido ser exagerada y no existe un peligro real. Así se amortigua la actividad de la amígdala, el órgano encargado de gestionar el miedo, que es el que activa la respuesta de la ansiedad.

En cambio, si el peligro es real o por diversos factores sufrimos o está naciendo algún tipo de trastorno como el de la ansiedad, la amígdala activa la respuesta del cerebro reptiliano de huir o luchar, activando con ello todas las funciones que controla y dando lugar a los conocidos síntomas de la ansiedad, como el aumento de presión sanguínea, tensión muscular, actividad cerebral y oxigenación del cuerpo. Si vuelves a leer el capítulo en el que hablábamos del cerebro reptiliano podrás entender fácilmente que al ser estas las funciones que se activan cuando se requiere su acción, se desatan muchas veces los perniciosos síntomas de la ansiedad. Todo sucede en milésimas de segundo en nuestro interior, reacciones e instintos que provocan ansiedad, activando el sistema de alarma por excelencia en los seres humanos.

Si el peligro es real, esta respuesta nos mantendrá a salvo y podremos alegrarnos por ello, pero cuando el peligro es irracional y la reacción se debe a que sufrimos un trastorno, este estado de ansiedad es constante y continuado, hasta el punto de que puede mantenerse durante meses. Esta situación puede desgastar, angustiar y enfermar a quien lo padece. Este sería el trastorno de ansiedad, un mal funcionamiento por el que la respuesta errónea ante miedos que no existen o no son como imaginábamos ha activado el mecanismo de alarma y ha mantenido su respuesta de manera indefinida. Llegados a este punto, hay que tratar el trastorno para conseguir erradicarlo.

Como hemos visto, el trastorno de ansiedad nace del miedo y del estrés, por ello si quieres ayudar a tus hijos en esta cuestión, tan importante como desarrollar herramientas para tratarlo es entender cuáles son los principales temores y causantes de estrés. De esta forma podrás ayudarles a gestionar estos elementos de una manera más apropiada sin que activen esa falsa alarma llamada ansiedad.

3.1. Principales miedos en niños y adolescentes

El miedo es tan antiguo como la vida y, como ahora sabes, es algo positivo, ya que nos defiende de posibles peligros. El problema no es el miedo en sí, sino el temor enfermizo o excesivo, ese miedo que paraliza y provoca problemas mayores, como los trastornos de ansiedad. Por ello, cuando observes que los temores de tu hijo pueden ser excesivos o duran más tiempo de lo normal, ha llegado el momento de entender qué está pasando en su mente para ayudarle a gestionarlo de una manera más adecuada.

En la mayoría de los casos, los pequeños que mantienen un miedo de manera desproporcionada y durante más tiempo de lo normal lo hacen porque se sienten inseguros. Por ello, si les ayudamos a entender en qué consiste el temor y por qué lo sentimos, al tiempo que les ayudamos a desarrollar herramientas para normalizar la situación, su miedo irracional no le causará mayor daño.

Es frecuente que muchos de los miedos de los niños se deban a los de sus padres, ya que muchas veces sin querer los adultos transmiten sus temores a sus hijos. Por ello, tan importante como reconocer el temor en tus hijos es descubrir si tienes algo que ver con ello, y en ese caso, infórmate también tú y desarrolla herramientas para cambiar tu manera de convivir con estas situaciones.

Teniendo en cuenta las etapas en el desarrollo del niño, los miedos podrían dividirse así:

En la primera infancia

En esta primera etapa de vida sus miedos van dirigidos a asegurar sus necesidades primarias y a preservar la vida.

Si tenemos en cuenta la total dependencia de un bebé respecto de sus padres, entenderemos que sean más frágiles ante el miedo y susceptibles de sentirlo. Por ello sus primeras reacciones de miedo son expresión del sentimiento de peligro ante la pérdida del apoyo físico y cariño, o ante cambios bruscos en el entorno (movimientos, luz...) o ruidos fuertes o inesperados. Estos sentimientos se expresan con sobresalto, temblores, gritos o llanto.

Muy pronto aparecen otras manifestaciones de miedo, como el temor a los desconocidos e incluso ansiedad ante la ausencia de los padres, pero en general estas reacciones son positivas y adaptativas. Los padres lo son todo en esos primeros meses de vida, y ya llegará el tiempo en que comprenda que si desaparecen de su lado no lo harán para siempre y no corren ningún peligro.

Entre los 2 y 6 años

Empiezan a desarrollarse los miedos infantiles, ya que hay más estímulos que pueden provocarlos. En esta edad los niños tienen una gran imaginación, por lo que sus temores pueden adoptar casi cualquier forma. Así surge el miedo a los fantasmas o los monstruos, junto con otros temores: a los animales, al agua, a la oscuridad u otros estímulos. Estas aprensiones pueden desarrollarse en forma de fobias hasta la edad adulta. Las más comunes son:

- **Miedo a la oscuridad.** Seguramente el temor más común en esta etapa, que puede hacer que el niño se ponga pálido o tembloroso cuando llega la hora de irse a dormir.
- **Miedo a cosas o seres imaginarios.** Como adultos, nos puede costar aceptar que los pequeños a veces se asustan por cosas que existen solo en su mente, pero debemos recordar que no somos niños ni partimos de su realidad y su cerebro. No olvidemos que, hasta los siete años, la imaginación de los niños es tan poderosa que puede hacerles creer en la existencia de monstruos o de cualquier idea que sean capaces de pensar.
- **Pesadillas o terrores nocturnos.** Se trata de miedos del todo inofensivos, a pesar de que durante estos episodios los niños lo pasan fatal. Muchas veces estas pesadillas o este tipo de temores tienen que ver con vivencias o cosas que han visto u oído durante el día, por ello es importante prestar atención a cuanto observan y viven nuestros hijos.

DE LOS 7 AÑOS A LA ADOLESCENCIA

A esta edad la razón empieza a desarrollarse, por lo que sus miedos comienzan a ser más objetivos y realistas. Los niños empiezan a tomar mayor consciencia y con frecuencia manifiestan miedo a la muerte o la vejez, al daño físico, a los accidentes o al médico. Si hay problemas en la familia, también pueden empezar a darse temores a que los padres se separen. Para ayudarte a que lo comprendas mejor, describiré alguno de estos miedos:

- **Temor a hacerse daño.** Es un miedo que suele transmitirse de padres a hijos, en especial cuando los padres son demasiado alarmistas o sobreprotectores. Puede resultar difícil, pero poco a poco hay que confiar en los hijos entendiendo que su propia experiencia será su mejor maestra. Por ello más que educar desde el miedo intenta educarlo desde la experiencia.
- **Miedo a los animales.** Es uno de los más comunes, lógicos y adaptativos, y también uno de los más fáciles de observar. Todos los niños están aprendiendo de la vida y en esta experiencia es normal temer a lo desconocido. No tiene nada de malo que tus hijos sientan cierto respeto por los animales, lo importante es reconocer si estos temores son injustificados o excesivos. Así, cuando esto ocurra, podrás ayudarles a observar de una manera más tranquila y objetiva este tipo de situaciones.
- **Miedo al médico y los hospitales.** Muchos niños —y también adultos— se ponen a llorar cuando ven una bata blanca o entran en un hospital. El motivo es que han asociado el mundo sanitario con el dolor, ya que ahí reciben la mayor parte de las vacunas, medicinas o análisis. Como veremos más adelante, la mejor manera de

evitar esta asociación emocional es unir estas experiencias a otra realidad, como puede ser una recompensa, para que observen la parte positiva de pasar por ello.

- **Miedo al agua** y a todo lo que tenga que ver con ella, como nadar, bañarse o incluso mojarse las manos. Este miedo, como muchos otros temores irracionales, puede deberse a una experiencia traumática, en este caso ocurrida en el agua. Es importante que como adulto la identifiques, porque si no se aborda en el momento, puede dar origen a una fobia que será más difícil tratar en la edad adulta. Un ejemplo muy común de la aparición de este tipo de fobias puede ser cuando un niño, tras una mala experiencia en el agua en la que ha sentido su vida en peligro, como puede ser haber sido arrastrado por una ola en el mar, crea una asociación extremadamente negativa en su memoria emocional. Poco a poco la ansiedad que le provoca puede llevarle a evitar ese tipo de situaciones, y con el tiempo tal vez pase de sentir miedo al mar revuelto a tener fobia a todo lo que tenga que ver con el agua.

- **Miedos creados por los padres o tutores.** También es muy normal que un niño pueda experimentar miedo a partir de ideas que han podido introducir sus padres o personas cercanas. Si por ejemplo usas comentarios como «si no te lo comes todo, por la noche vendrá el hombre del saco y te comerá», sin darnos cuenta puedes estar haciendo nacer un miedo extremo en tus hijos, ya que esa posibilidad es totalmente posible en su realidad.

En la adolescencia

En esta etapa suelen esfumarse muchos de los temores anteriores, pero en lugar de ellos toman mayor importancia los relacionados con el fracaso escolar o deportivo, con el amor o con no ser aceptado por sus compañeros. En este periodo de transición de niño a adulto su realidad cambia, y de la mano de esas nuevas experiencias surgen nuevos miedos.

- **Miedo a no ser aceptado.** Para los adolescentes, la aceptación social supone un tema de gran importancia, ya que su intento de crearse un lugar en el mundo suscita la necesidad de pertenecer a un grupo en el que se le valore y respete. El adolescente se encuentra inmerso en un proceso de exploración de su propia identidad, en el que busca respuestas que le ayuden a descubrirse a sí mismo. En esta empresa interactúa con los demás y necesita su aprobación y valoración.
- **Miedo al fracaso escolar.** El temor al futuro, las exigencias y las ideas respecto a la imagen que se ha formado de sí mismo cuando sea adulto hacen que este temor sea muy frecuente.
- **Miedo al amor o a enamorarse y no ser correspondido.** En este periodo aparece el amor romántico, una realidad que los adolescentes aún no conocen y de la que seguramente ignoran muchos matices. Un verdadero cóctel de hormonas y emociones difícil de controlar y definir, y más teniendo en cuenta que el niño

se encuentra en la etapa en que más cambios y complicaciones emocionales se dan.

- **Miedo al futuro.** El principal objetivo de todo adolescente es integrarse en la sociedad adulta. Eso conlleva una gran carga y responsabilidad que incrementa la aparición de problemas como la ansiedad o el estrés negativo, al darse cuenta o considerar que debe cumplir una serie de objetivos o expectativas que los mayores han depositado en ellos. Todo esto, unido a las inseguridades propias de esta etapa, hace que el joven se pregunte si podrá conseguirlo, y de ahí nace ese temor extremo al futuro que seguramente de niño nunca había conocido.

Todos estos temores forman parte del desarrollo normal en la vida de un niño y de un adolescente, pero si se mantienen en el tiempo o condicionan su vida, pueden provocar la aparición de problemas como la ansiedad patológica, las fobias o la fobia social. Por ello es muy importante que los padres sepan reconocer el problema y actuar, algo en lo que espero ayudarte con este libro.

3.2. Educación emocional de nuestros hijos frente al miedo

Empieza por ti

Como ahora sabes, el miedo es una emoción que nos aleja de peligros y nos ayuda a sobrevivir como especie. Su reacción es tan potente porque su propósito es apartarnos rápidamente de una amenaza. El problema radica en que muchos miedos paralizantes surgen ante situaciones comunes y corrientes que no suponen un peligro real. Muchos de estos temores nacen en nuestra más tierna infancia y, si no se tratan a tiempo, pueden limitar el resto de nuestras vidas.

Por eso, en cuanto identifiquemos estos temores en nosotros mismos, en nuestros hijos, o en la educación que les estamos dando, será el mejor momento para reconocer esta mala gestión del miedo. Cuando nos demos cuenta de ello deberíamos preguntarnos: «¿Quién quieres que eduque a tu hijo, tu miedo o tú?».

Muchos son los miedos que pueden asaltar a un padre o una madre: a que le pase algo al hijo, a que no sea feliz, a que no tenga amigos, a que no sea bueno en matemáticas o en el deporte que le gusta. Sin embargo, estos temores pertenecen a los padres, no obedecen a la realidad de los hijos. Por ello, siempre que descubras en ti estos pensamientos, deberías pararte y darte cuenta de que estás educando al niño desde el miedo.

Como padre, tal vez pienses que no puedes evitarlo; de hecho, es más que probable que tú también fueses educado desde el miedo. Pero es de suma importancia que, si la educación de tu hijo se ha visto condicionada por tus propios temores, lo reconozcas ahora: ha llegado el momento de cambiar, por difícil que resulte. Este es el mejor momento para entender que tu hijo puede ser mejor y más feliz, algo en lo que tú tienes un papel decisivo.

Tu hijo no debe heredar tus limitaciones y la mejor manera de que llegue a convertirse en una persona cuyos miedos sean una ayuda, y no una limitación, es educarlo para que los valore y entienda en su justa medida.

Sin duda ya habrás visto que este libro va dedicado a tu hijo, pero también a ti, por lo que la acción debe ser de ambos. Como equipo deberéis examinar la situación, los motivos y peculiaridades de cada uno, las características personales que pueden fomentar la aparición de este tipo de problemas, y trabajar juntos en el cambio.

Como padre, es primordial que identifiques hasta qué punto educas desde el miedo, en lugar de hacerlo desde la valentía, y que luego aprendas a gestionar esos temores personales sin que condicionen la vida de tu hijo. Tratar tus aprensiones y ayudarle a gestionar las suyas no significa que no debáis sentir miedo, sino que aprendáis a usarlo de una manera correcta.

La diferencia entre dejarse llevar por el miedo y ser valientes está en aceptar que existe esta emoción y que muchas veces es del todo inoportuna, pero actuar correctamente a pesar de ella sin que nos frene y limite. Por eso, antes de pedir a tu hijo que supere un miedo, muchas veces puede que debas empezar por hacerlo primero tú.

Un ejemplo muy claro de esta educación temerosa llega cuando un hijo adolescente empieza a salir de fiesta, como el resto de la gente de su edad. Cuando esto ocurre, es muy normal que salten todas las alarmas de los padres y acudan a su mente los peores escenarios posibles. Puede que muchos progenitores incluso consideren que la mejor solución es postergar esa necesidad propia de la etapa adolescente y tomen la tajante medida de prohibir sin hablarlo antes. Puede que también argumenten los muchos peligros que puede encontrar el hijo ahí fuera o que aseguren que se trata de una cuestión ética o moral. Muchas y muy distintas pueden ser estas acciones, pero ninguna de ellas será de ayuda en el desarrollo de tus hijos, porque todas nacen del miedo.

Frustración, ira, fobia social, agorafobia, rabia, estrés, rebeldía o ansiedad son algunas de las reacciones más comunes ante este tipo de respuestas de los padres. Todo ello deriva de una educación errónea, ya que en lugar de mejorar la situación familiar recurriendo a la comunicación o proporcionando herramientas que sean útiles a los hijos, se intenta evitar y posponer las cosas, generando malestar.

No olvides que la mejor manera de mantener el amor en tu familia es consiguiendo que forméis un gran equipo. Muchas veces será difícil, pero con amor, cariño y buena comunicación, siempre es posible.

Este sería tu mejor resultado como padre, y para conseguir mantener la armonía en ese equipo, ante una situación como esta deberías plantearte: «¿Qué necesitaría yo en esa situación o cómo pensaría con la edad de mi hijo? ¿Cómo me hubiera gustado a mí que mi padre o madre hablaran conmigo?».

Al preguntártelo, descubrirás que tu punto de vista se modifica y entenderás que es necesario un giro en tu actitud, un cambio que te ayude a razonar desde la valentía y objetividad, desde el conocimiento y la experiencia, no desde el miedo. Seguramente aparecerán más preguntas: «¿Cómo puedo conocer mejor las necesidades actuales de mi hijo? ¿Cómo puedo ayudarle a cuidarse y cuidar de su integridad, a sentir mayor seguridad educando desde la valentía y no desde el miedo?». Con ello advertirás que es un error responder desde el miedo y que seguramente no estabas siendo realista ni objetivo, y tampoco justo. En lugar de eso, puedes explicar el motivo de tus temores, los posibles peligros que el hijo debe tener en cuenta, la necesidad de comunicación y de prestar atención.

Si lo educas así, desde la valentía, lo ayudarás a desarrollar herramientas para la vida y fortalecerás ese lazo que os une. Ambos habréis ganado.

La educación emocional debe partir de la propia experiencia. Tu hijo debe aprender por sí mismo y valorar las situaciones conforme a sus propias expectativas, vivencias y necesidades. Aunque, por supuesto, como adulto puedes ayudarle, aconsejarle, formarle...

Cuando un niño se enfrenta a alguno de sus temores, como puede ser el miedo excesivo a un animal o la oscuridad, y se da cuenta de que el temor ya no le paraliza y consigue superar estos miedos, aumenta su autoestima ya que se considera más capaz para afrontar sus problemas. Como sabes, en estas edades está desarrollando su propio esquema para la vida, y hechos como este le ayudan a crear un esquema mucho más fuerte y bonito.

Ayúdales a enfrentar sus propios miedos

Para ayudar a tus hijos a conocer sus propios miedos y mejorar el modo en que los afrontan, lo primero y más importante es concretar esos temores y explicarles de qué están hechos, para conseguir reducirlos. Tras ello, conviene recurrir a una buena información y ayudarles a enfrentarse a ellos según la etapa en que se encuentren, para que puedan gestionar de una manera mucho más positiva y amable este tipo de situaciones.

Si tenemos en cuenta los temores más comunes a estas edades y utilizamos la razón y la experiencia, entenderemos que la mejor manera de ayudarles es comunicarse con ellos para que acepten, enfrenten y normalicen sus propios temores. Para conseguirlo:

- **Ayúdale a experimentar vigilándolo de cerca.** Como vamos viendo a lo largo del libro, existen etapas en la vida por las que, como adultos, ya hemos pasado. Se trata de una evolución que depende de las circunstancias de cada individuo y que, nos guste o no, no podemos acelerar. Por eso, si quieres ayudar a tu hijo, lo primero es intentar ponerte en su lugar y en su edad, y animarlo a ser valiente para que en lugar de evitar el miedo lo entienda de otra manera. Por supuesto, cuanto más pequeño sea el niño, más de cerca conviene vigilarlo.
- **Jugad juntos con el miedo.** Sabiendo que debemos permitir que el niño experimente y explore su entor-

no, entenderemos que el mejor modo que tiene de aprender es desde el juego. Los niños aprenden jugando, no siguiendo las reglas o razones del adulto. Por ello, una buena aproximación y ayuda ante miedos como el que causa la oscuridad podría ser utilizar técnicas y juegos que le ayuden no solo a superar los malos momentos, sino también a ver de una manera más normal y agradable ese tipo de situaciones. Por ejemplo, podrías acompañar a tu hijo en alguna de esas noches y ayudarle a imaginar cosas agradables en la oscuridad, contarle historias, crear un planetario con pegatinas fluorescentes y darle a conocer el universo, jugar a hacer sombras chinas con las manos, o muchas otras acciones que les hagan entender que la oscuridad puede ser algo bonito que invita a imaginar cosas preciosas.

- **Controla y presta atención a su entorno.** Las principales causas de los miedos en los niños están en su entorno. Una conversación con otros niños o con un familiar, una película, una discusión o una experiencia desconocida pueden favorecer la aparición de miedos irracionales. Por eso es fundamental que los padres pongan atención en lo que su hijo absorbe a través de sus sentidos, qué ve en la televisión o escucha en su día a día, y darle explicaciones tranquilizadoras ante imágenes o experiencias que pueden herir su sensibilidad.

- **Ayúdale a normalizar el miedo irracional con cariño, comprensión y buena información.** Si crees que tu hijo tiene miedo excesivo a elementos como los animales, las tormentas o el agua, ayúdale con información y, sobre todo, con acciones a cambiar la manera en que ha registrado ese tipo de situaciones. Como ahora sabes, las fobias, los traumas y miedos irracionales se crean al asociar en la memoria emocional un extremo peligro a ese tipo de estímulos. La manera de modificar este registro emocional es actuando desde la experiencia. Por ello, si tu hijo muestra un miedo excesivo a los perros, infórmale acerca de estos animales, acompáñalo y hazle sentir y comprender que no tiene nada que temer, dale ejemplo y acércate para acariciar primero tú y después juntos a ese animal que le provoca pánico. Cuantas más veces le ayudes a exponerse a sus miedos, más sencillo le será poder cambiarlos.

- Ante temores que pueden parecer muy racionales, como el de **ir al médico o acudir al hospital**, otra técnica que ayuda mucho puede ser el refuerzo positivo. Esto supone que le ayudes a descubrir las ventajas de ir al médico, preparándolo psicológicamente antes de la consulta con ejemplos como: «Te ayudará a ponerte bien, te curará y pronto podrás volver a jugar como antes». El objetivo es que el pequeño adquiera una idea realista de ese tipo de situaciones. Otro refuerzo positivo que conmigo funcionaba a la perfección es obsequiarlo con algo tras la visita, por ejemplo, después de una vacuna o pinchazo. En el pasado llegué a estar encantado de recibir vacunas, ya que entendía que si era valiente y no protestaba mucho, me ganaría un exquisito dónut de chocolate. Recuerdo que después de aquello, cada pocos meses preguntaba a mi madre con cariño y alegría cuándo recibiría el siguiente pinchazo.

Ayúdales a que hablen de sus miedos

En esta educación de tus hijos frente al miedo, es muy importante que no pierdas los nervios cuando sientan temor. Es fundamental que no te centres en tus propias emociones.

La idea es ayudarles a entender que los miedos son algo natural, una emoción con la que contamos todos los seres humanos y que nos protege. Conviene explicarles que cuando esto pasa, el cerebro se inquieta ante una posible amenaza, tras lo que deberá valorar si es o no real. Si descubre que no supone un peligro, deberá calmarse, procesarlo y almacenarlo en su memoria emocional. De esta manera, almacenando estas experiencias como algo normal y no como algo potencialmente peligroso, el miedo no irá más allá ni causará daños mayores.

Si los hijos observan que estamos nerviosos ante sus miedos, impacientes e intransigentes ante la calidad de estos, intentarán reprimirlos en lugar de hacer lo que realmente necesitan: elaborarlos, entenderlos y darles su justo valor.

Debido a esta necesidad de gestionar correctamente sus emociones, lo correcto es que puedan hablar de sus miedos sin tapujos, manifestarlos a sus padres y que estos puedan ayudarles a procesarlos de la mejor manera. Sin juzgarlos, burlarse o ignorarlos, sino entendiendo que son fruto de cada una de las etapas y que incluso pueden llegar a ser excesivos y exagerados debido a una mala gestión. Sea cual sea la situación, siempre es reversible, y más a estas edades.

La solución, por tanto, es acompañar a nuestros hijos, escucharlos y apoyarlos con amor, con un cariño que puedan reconocer en todo momento.

4

El estrés

Una buena manera de superar el estrés es
ayudar a otros a salir del mismo.

DADA VASWANI

Podríamos definir el estrés como la reacción del organismo
—de la mente y el cuerpo— al miedo. Esta reacción se activa
cuando nuestros mecanismos de defensa entran en juego al
percibir una amenaza en nuestro entorno, incluso cuando esta
es imaginaria. También es una reacción psicológica y física
adaptativa y necesaria para responder a situaciones como un
trabajo nuevo, una mudanza, un accidente o la muerte de un
ser querido. Esta reacción en sí no es mala, pero el modo en
que la sobrellevamos supone una gran diferencia.

Según su comportamiento, podríamos dividir el estrés en
dos tipos:

- El **eustrés, o estrés «positivo»**. Una reacción que contribuye a que respondamos de la mejor manera ante una situación determinada. El eustrés tiene una función clave en nuestra supervivencia, ya que nos permite reaccionar rápidamente a las amenazas y peligros, así como adaptarnos mejor a los cambios.
- El **distrés, o estrés «negativo»**. Una respuesta que genera un estado de tensión, dificultad, fatiga o desgaste continuado como consecuencia de un funcionamiento exagerado ante estímulos considerados amenazantes. Cuando aparece el distrés, la persona tiene la sensación de pérdida de control, y si esto se mantiene en el tiempo favorece la aparición de enfermedades o trastornos psicosomáticos.

Según la psicología, el *nivel óptimo de rendimiento*, ese en el que somos más eficientes, se da cuando la cantidad de hormonas de estrés es la adecuada, *cuando surge el eustrés*. En cambio, cuando estos niveles no son los adecuados, nos sentimos desmotivados y consideramos que no tenemos recursos suficientes para enfrentar la tarea, surge el estrés negativo, una reacción orgánica que puede provocar muchos tipos de problemas.

El estrés negativo genera numerosos trastornos físicos, como dificultad para conciliar o mantener el sueño, mal funcionamiento del aparato digestivo, dolores de cabeza e incluso mayor propensión a enfermedades. A nivel psicológico, los dos trastornos más comunes que generan estos niveles de estrés inadecuados son la depresión y el trastorno de ansiedad.

Los motivos de estos cambios físicos y psicológicos son fáciles de entender. Cuando nuestro organismo debe enfrentarse a una amenaza, se activan diversas funciones corporales y mentales que ya hemos visto, reguladas por nuestro sistema reptiliano, cuyo propósito es ponernos a salvo.

Teniendo en cuenta todo esto, es indispensable conocer los principales motivos de estrés en niños y adolescentes para identificarlo cuando surge en tu hijo y gestionarlo de una manera saludable.

4.1. Las consecuencias del estrés en la infancia

A un niño le cuesta mucho más que a un adulto gestionar el estrés excesivo. En el caso de los bebés y de los más pequeños, no pueden gestionar el estrés en absoluto, por lo que dependen totalmente de los adultos para ello.

En la primera infancia, les resultan estresantes las cosas más simples, ya que no pueden recurrir a la razón para evaluar las situaciones y calmarse cuando el peligro no es real. Por ello, es normal que un bebé se estrese cuando su adulto de referencia no está cerca. Cuando esto ocurre, siente que le va en ello la vida y no cambiará de opinión, ya que su cerebro, simplemente, no entiende. Un bebé no sabe si su padre está cerca aunque no lo vea ni si sobrevivirá a esta situación, por ello es fundamental que a esta edad alguien le cuide en todo momento y le transmita seguridad. Muchos padres creen que debido a que el bebé no es consciente, no sufre realmente a causa del miedo, pero no es así: este tipo de situaciones que le generan tanto estrés pueden dejar una profunda huella en su sistema nervioso.

Tan importante como entender que debes acompañar y ayudar a tus hijos a gestionar el estrés, es comprender que no hacerlo puede suponer que cuando sea adulto aparezcan problemas tanto físicos como psicológicos, ya que todas las investigaciones han demostrado que las experiencias adversas en la infancia provocan un gran número de problemas de salud a lo largo de la vida.

Si se mantiene de forma prolongada esta respuesta de estrés elevado, el organismo segrega durante ese tiempo un gran número de hormonas que elevan la presión arterial, pueden conllevar aumento de peso, contraen o tensan el cuerpo y producen muchos otros cambios perjudiciales.

Esta respuesta de estrés negativo no solo aumenta el riesgo de que un adolescente pueda abusar del consumo de nicotina, alcohol y drogas, sino que además incrementa la probabilidad de que puedan aparecer trastornos mentales, una mala función inmunológica, enfermedades cardiacas, cáncer o demencia a lo largo de su vida. Por ello, a partir de ahora intenta ser más consciente de ello y ayuda a tu hijo a enfrentarse a esta reacción en sus primeros años y a desarrollar herramientas que le ayuden a regularla conforme vaya creciendo. El amor y el cariño le darán seguridad, y esa seguridad supondrá la diferencia entre experimentar estrés positivo o negativo. Para conseguirlo, voy a ayudarte a conocer cuáles son los motivos más comunes de estrés en los más pequeños y cómo podéis enfrentaros a él.

4.2. Principales motivos de estrés en los niños y cómo gestionarlo

Podríamos dividir las situaciones estresantes en la infancia separándolas entre acontecimientos comunes y acontecimientos extraordinarios.

Situaciones cotidianas

- **La vida escolar** es un acontecimiento normal en la vida de todo niño que exige un gran esfuerzo adaptativo por su parte. El colegio es un espacio nuevo en el que debe relacionarse con otros niños sin la presencia de los padres, y por ello uno de los motivos principales de la aparición de estrés en las primeras fases de vida.

  El acceso a la escuela suele producirse normalmente entre los dos y los tres años. Debido a esta vivencia, el niño *cambia su marco de referencia*, que pasará a incluir a profesores, compañeros y otras figuras, además de a sus padres. Esta nueva realidad puede debilitar el apoyo que le proporcionaba la familia, ya que ahora tiene que afrontar en solitario todo lo que le ocurra en este contexto nuevo y extraño.

  Por otra parte, puede experimentar la *separación temporal* de sus padres como una pérdida, y por ello sentir que le falta su principal apoyo para enfrentarse a las dificultades. Por supuesto, si se siente solo e indefenso generará estrés negativo.

Otro gran motivo de estrés en la escolarización son *las calificaciones*, una manera de valorar las capacidades que, por desgracia, no tiene en cuenta variables personales, como la situación familiar, los intereses o motivaciones de cada persona o los problemas. Ante el fracaso escolar, los niños pueden sentirse tristes o angustiados, incapaces o excluidos, algo que influye negativamente en su autoestima y, con ello, favorece la aparición de estrés negativo.

Otro factor estresante en la vida escolar es la *interacción con los compañeros*, unas relaciones en las que suelen surgir rivalidades o competitividades, y que pueden generar altos niveles de ansiedad cuando el niño se siente sobrepasado.

Todos estos problemas suelen trasladarse después a la edad adulta. De hecho, seguramente muchos de nosotros sabemos o sentimos que este u otros factores nos han hecho ser como somos, para bien y para mal.

- **La familia** y sus necesidades. El contexto familiar, especialmente los padres, puede provocar en los niños exigencias que requieren un gran esfuerzo de adaptación por su parte, e incluso en algunos momentos llegan a sobrepasar su capacidad de asumir todas estas demandas.

  En ciertos casos los *padres proyectan sus aspiraciones en sus hijos* y esperan que obtengan los éxitos que ellos no alcanzaron de niños, en un intento de alcanzar su propia autorrealización a través de ellos. De esta manera los llenan de actividades extraescolares, de deberes, proyectos e incluso sueños, actividades que la mayoría de las veces no tienen nada que ver con los intereses del niño.

Por otra parte, algunos padres, con el ánimo de ayudar a sus hijos a labrarse un futuro mejor, *exigen demasiado en cuanto a su rendimiento escolar* y esperan las mejores calificaciones, aduciendo que así podrán conseguir un mejor puesto de trabajo en el futuro. Esto genera muchísimo estrés en el niño, ya que sobrepasa sus capacidades y llega a anularlo, con lo cual se impide su desarrollo y se destruye su autoestima.

También es importante recordarte que los padres pueden convertirse en los mejores *modelos de estrés*. Sin duda habrás comprobado que tus hijos escuchan todo lo que dices e imitan todo lo que haces, por ello asegúrate de que les estás dando el mejor ejemplo. Muchas veces los adultos vivimos en constante estrés, en continua prisa, sin tiempo de descanso y sobrecargados de trabajo o preocupaciones. Al final la familia se alimenta continuamente de este estrés negativo, de modo que los padres no prestan toda la atención necesaria a sus hijos. Por ello, si el estrés domina tus días y ves difícil ponerle remedio o no sabes cómo hacerlo, tal vez la mejor decisión sea buscar ayuda y hacer cambios para afrontar la vida de una manera más sana tanto para ti como para el resto de tu familia.

Se pueden producir también situaciones de estrés como resultado de la aparición de cambios y acontecimientos importantes en la vida de tus hijos, experiencias que por su dificultad e intensidad exigen un gran esfuerzo de adaptación. Este tipo de sucesos pueden resultar especialmente estresantes, si consideramos que las habilidades del niño para enfrentarse a los cambios son limitadas o incluso inexistentes. Estas son las experiencias más comunes de este tipo:

- **El nacimiento de un hermano.** La llegada de un nuevo miembro de la familia supone un tremendo cambio en la estructura del hogar, que afecta en gran medida a la relación del niño con sus padres y en especial con su madre.

  Debido a esto, el niño puede percibirlo como una amenaza a la relación que hasta entonces había mantenido con sus padres y puede considerar al nuevo hermano como un intruso que altera su situación hasta el momento privilegiada. Este conflicto puede notarse sobre todo en los celos y se refleja también en enfados hacia los padres y el nuevo miembro de la familia. Como es lógico, los padres y sobre todo la madre, se vuelcan completamente en el bebé. El hermano mayor no entiende que el recién nacido necesita todas esas atenciones porque es un ser indefenso, sobre todo cuanto más pequeño sea. En lugar de eso siente real la posibilidad de ser abandonado por la madre debido a que interpreta la atención y el cariño de la familia hacia el hermano como si a él le hubiesen olvidado o dejado de lado.

Para afrontar este motivo de estrés, lo primero que deberíamos entender es que un niño que experimenta este tipo de celos es un niño sano y totalmente normal, ya que esta respuesta surge de manera inevitable. Para que eso no ocurra, lo mejor es hablar de la llegada del nuevo miembro de la familia desde el embarazo, explicándole qué supondrá tener un hermanito y las muchas necesidades que este tendrá en sus primeros años de vida. También es importante que la familia intente prestar la misma atención a los dos niños, como por ejemplo cuando se dan regalos, caricias o palabras de cariño.

• **La separación o el divorcio de los padres** es otro acontecimiento que suele provocar consecuencias negativas en la vida del hijo, en especial si le cuesta asumir la nueva situación, hasta el punto de que el niño puede aislarse, tener peor rendimiento académico, mostrar conductas agresivas o sufrir problemas de autoestima. Sin embargo, más importante que el hecho en sí (en algunos casos la separación puede ser la mejor solución), lo que cuenta es la manera de gestionar los cambios en la relación familiar. Por eso es imprescindible tener presente el apoyo de los hermanos, las características del niño y su edad, entre otros elementos.

Para evitar repercusiones negativas, los adultos deben ser conscientes de que lo crucial tal vez no sea lo que ha quedado atrás, sino la vida y futuro de los hijos. Los motivos de un divorcio pueden ser muchos y muy complejos, pero en cualquier caso, si los padres tienen en cuenta en todo momento que lo principal es el desarrollo positivo de los niños, será más fácil dejar al margen la ira, los malos modos y las palabras airadas, e intentar llevar de la mejor manera este proceso y el posterior duelo. Es preciso explicar al niño, y en el caso de los más pequeños hacérselo sentir, que ninguno de los padres le abandonará, y que nuestro hijo o hija es el ser más importante de sus vidas.

Aparte de eso, es necesario que los progenitores entiendan el dolor que también puede estar sufriendo el hijo, le ayuden a que lo manifieste y pueda permitírselo. Para ello, deben comunicarse con él y escucharle, sin intentar esconder el problema con regalos o juguetes.

En una separación adulta y positiva, los psicólogos advierten que es fundamental no usar al niño como testigo, arbitro o mensajero, ni ponerlo de uno u otro bando, ya que esto puede provocar mucho daño en él tanto a lo largo de su infancia como en su vida adulta.

- **La pérdida de un ser querido.** El proceso de duelo es una experiencia muy complicada en la vida de cualquier persona, más aún en niños. Aparte del dolor por la persona que ya no estará presente, también genera grandes alteraciones emocionales y de conducta debido a los cambios en la dinámica familiar.

Lo que los niños pueden entender sobre la muerte depende en gran medida de su edad, sus experiencias vitales y su personalidad, pero en cualquier caso, un aspecto fundamental para ayudarlo es explicarle la muerte con un lenguaje que pueda entender. Para ello, lo más importante es recordar la etapa en que se encuentra y comprender cuál es la mejor manera de comunicarse con él.

- *Hasta los 5 o 6 años* es mejor explicarles la muerte utilizando un lenguaje concreto. A esta edad les resulta muy difícil entender y aceptar que todas las personas acaban muriendo, que es algo definitivo y no hay vuelta atrás. Por eso, después de que les hayas comunicado el fallecimiento de un ser querido y les hayas explicado que se debió a un accidente o que murió de viejo y su cuerpo dejó de funcionar, es posible que te pregunten dónde está o cuándo lo volverán a ver. Por muy frustrante y difícil que pueda parecer, lo mejor es repetir con calma que esa persona ha muerto y ya no volverá.

- *Entre los 6 y 10 años*, los niños empiezan a comprender que la muerte es algo definitivo, por ello a estas edades conviene usar explicaciones precisas, simples, claras y honestas sobre lo que ha sucedido.

- *En la adolescencia* la comprensión de la muerte evoluciona, con lo que pueden nacer miedos, fobias y nuevas fuentes de estrés. Por ejemplo, si un amigo muere en un accidente de coche, es posible que el adolescente sienta miedo de conducir durante un tiempo y, si ese temor no se trata a tiempo, puede convertirse después en una fobia. Por eso, la mejor manera de actuar frente a esta pérdida es hablar sobre ello, recordarle lo que debe hacer para no correr riesgos innecesarios, como no subir en un coche cuando el conductor haya bebido o usar siempre el cinturón de seguridad, y hacerle entender también que por desgracia en la vida estas cosas ocurren, y que la mejor respuesta es aprender y sacar mensajes positivos sobre lo sucedido.

4.3. El estrés en adolescentes

En la vida de los adolescentes existen factores propios de la etapa que son causantes de altos niveles de estrés. Entre ellos, las calificaciones y trabajos escolares adquieren una importancia destacada, ya que pueden tener que ver con un futuro que ya intuyen cercano y, muchas veces, preocupante. También su conciencia social se hace mucho más exigente, ya que se está formando su propia imagen y personalidad, lo que influirá en muchos aspectos de su vida.

En este periodo en que las emociones están a flor de piel, también nacen los primeros romances, que suelen vivirse con gran pasión y emociones desbordantes. Ello se debe en gran parte a los cambios cerebrales y hormonales que experimentan, al tiempo que lidian con un cuerpo que también está cambiando y se ha vuelto sexualmente activo. Esta situación puede dar lugar a presiones, alteraciones en la autoestima o en la imagen personal, pensamientos negativos sobre sí mismos y muchos otros problemas emocionales.

Por todos estos motivos, en esta etapa resulta más importante que nunca la comunicación con tus hijos. Tu actitud puede resultar decisiva para que el niño supere la crisis y adquiera herramientas que le ayuden a lo largo de su vida:

- *Sé su modelo y amigo.* Incluso si le cuesta aceptarlo, te lo agradecerá. Para conseguir mejorar vuestra relación, puedes asistir a alguno de los eventos en que participe o involucrarte en las situaciones en que se sienta cómodo. Aparte de eso, es fundamental que sepas escuchar sus necesidades teniendo en cuenta su edad, recordando cómo eras tú también en aquella etapa e intentando comunicarte de manera amistosa sin reproches o exigencias.
- *Ayúdale a cuidarse.* Anímale a prestar atención al sueño, el deporte, la buena alimentación, ser buena persona y a la importancia de gestionar y hablar de sus emociones. Los adolescentes necesitan mucho descanso para manejar el estrés. y el deporte es el mejor antidepresivo natural, algo fundamental a estas edades. Tener en cuenta estos factores y trabajarlos de la mejor manera ayudará a generar más hormonas de la felicidad y eliminar las del estrés, y contribuirá a que afronten la vida de una manera más positiva.

- *Hazle entender que él o ella es su mejor medicina.* Para conseguirlo, anímale a conocerse mejor y a aprender a manejar el miedo, el estrés y otros problemas vitales como la ansiedad (este libro puede ser una herramienta genial).

No intentes resolver sus problemas por él y transmítele la noción de que sentirse y ser responsable de su vida es uno de los mejores ejemplos de fortaleza, libertad e incluso rebeldía.

5

La ansiedad y el trastorno

Como ya sabes, el propósito de las emociones es siempre el mismo, ayudarnos a reaccionar de una forma adecuada al motivo por el que surgen. El amor nos ayuda a crear vínculos afectivos desde el nacimiento, a tener empatía o a elegir la mejor pareja; la tristeza, a reparar pérdidas y buscar ayuda si es necesario. La ansiedad es una emoción que surge para que reaccionemos ante situaciones peligrosas y amenazantes.

Como toda emoción, la ansiedad genera una reacción psicológica y fisiológica para que la persona responda de la manera más eficiente a un estímulo. Por ello, esta emoción genera cambios —los síntomas— para que actuemos de las dos maneras que entiende como válidas, *huir* o *luchar*.

Seguramente muchas veces habrás oído estas dos palabras tan asociadas a la ansiedad, «lucha» y «huida». También lo habrás experimentado por ti mismo en situaciones que te crearan ansiedad, o habrás observado en tu hijo conductas extrañas que se deben a esto. El cuerpo pide a gritos escapar o esconderse ante los síntomas que siente, aunque a simple vista no exista ningún elemento, situación o motivo «real» para reaccionar de esta manera. Por eso es muy común, y también muy negativo, responder a una persona que sufre este problema con soluciones y teorías tan simplistas como «todo está en tu mente», «deja de comportarte como un niño», o «no te preocupes que no es nada».

Quien reacciona de esta manera realmente siente la necesidad de huir o luchar para ponerse a salvo, y por mucho que el temor pueda ser irracional, la respuesta es tan potente y automática que no da lugar a ninguna calma, y menos a corto plazo.

Muchas veces surgen preguntas como estas: ¿Es normal reaccionar de esta manera? ¿No es un modo de actuar más propio del mundo animal? ¿Qué sentido puede tener el hecho de necesitar escapar para ponernos a salvo ante una situación tan «aparentemente» poco peligrosa como una reunión de trabajo o tener que subir a un ascensor?

Sé que puede parecer extraño lo que voy a decirte, pero todos deberíamos entender que *nuestro organismo es una máquina que ha ido evolucionando durante millones de años.*

Debido a ello, mecanismos como el de la ansiedad tienen mucho más que ver con ese mundo animal y feroz lleno de depredadores en el que nuestra especie ha vivido la mayor parte del tiempo que con nuestra realidad actual, compleja y nueva. Debido a ello, en el presente podemos reaccionar de una manera ansiosa y desmesurada ante realidades tan poco peligrosas para nuestra supervivencia como un despido, del mismo modo que lo haríamos antiguamente ante el ataque de un león hambriento. Lo queramos o no, así funcionamos.

La reacción ansiosa genera cambios inmediatos que nos permiten una mejor y más rápida respuesta, poniendo en marcha cambios fisiológicos y psicológicos para enfrentarnos a ese peligro potencial. Estos cambios:

- Nos ayudan a centrar la atención hacia lo que tenemos a nuestro alrededor, para que no pensemos en nada que no sea ese posible peligro que provocó la reacción. Por ello, cuando sufrimos ansiedad, sentimos que nada es más importante que ponernos a salvo.

- Aumentan la percepción de peligro o amenaza, nos hacen estar y mantenernos alerta, tanto si el peligro está cerca como si lo intuimos o imaginamos.

- También preparan a nuestro cuerpo para luchar o huir, haciéndonos más fuertes y ágiles gracias a la segregación de hormonas y al incremento de la actividad del corazón, de la respiración o la vista, entre muchos otros.

- Generan un cambio en nuestra actitud mental, ya que con ansiedad estamos dispuestos a agredir o escapar, incluso de manera instintiva y automática.

- Nos hacen necesitar más espacio. Los lugares cerrados o la multitud nos ofrecerían menos vías de escape, es por ello por lo que tendemos a buscar espacio a nuestro alrededor cuando sentimos ansiedad.

Así pues, la ansiedad es una emoción que nos ayuda a adaptarnos y responder a situaciones potencialmente peligrosas. Por ello también forma parte de la vida del niño y del adolescente, aunque en ocasiones —cada vez es más común— hay menores cuya ansiedad va más allá de lo adaptativo. Algunos niños presentan un excesivo estado de alerta, una falsa alarma que condiciona y limita sus vidas, una realidad que les exige mayor autocontrol y capacidades para enfrentarse a ella.

5.1. El trastorno de ansiedad

> La ansiedad llega a nuestra vida buscando un cambio, el nuestro.
>
> GIO ZARARRI

Soy de la idea de que la experiencia es la mejor maestra, y creo que, si a esto unimos una buena investigación y acción, no solo podremos desarrollar herramientas que nos ayuden a afrontar mejor la vida, sino también a comunicar a otros lo que hemos aprendido.

En mi caso, cuando el trastorno de ansiedad llegó a mi vida, lo hizo acompañado de muchos de sus desagradables síntomas. Se trataba de sensaciones tan complejas, desconocidas y muchas veces preocupantes que me llevaron a preguntarme qué podía estar ocurriéndome o si aquello podía significar mi fin...

A todos los que los hemos vivido, esos trastornos nos pillaron desprevenidos, tanto que no comprendimos los motivos ni el sentido de lo que nos ocurría, y achacamos ese maremágnum de sensaciones a una especie de maldición que nos tocaba vivir. Debido a la ansiedad, hemos vivido preocupados, asustados y angustiados, y lo peor de todo es que la situación puede agravarse si no entendemos cómo tratar con ella.

Ante tal malestar que ni hemos pedido ni buscado, es totalmente lógico pensar que la ansiedad es algo horroroso y sin ningún sentido, un grave problema que debemos eliminar a toda costa. Por ello, inicialmente intentamos negarla, maldiciendo sus síntomas, resistiéndonos a pasar por eso y preguntándonos una y otra vez qué hemos hecho para merecer algo tan terrible.

He vivido esta negación inicial, pero me he dado cuenta de que ese es uno de los principales motivos de que el problema se mantenga y aumente. La negación se debe a que no entendemos lo que nos pasa, porque tal vez nunca antes hemos sufrido algo parecido, y si lo hemos hecho ya nos hemos olvidado. Pero si en un momento determinado llega el trastorno, la propia vida nos demuestra que pasar por esto tiene mucho más sentido del que podíamos creer. Seguramente nuestra vida iba a la deriva por varios motivos, causas que activaron y mantienen este trastorno.

En el caso de los niños y adolescentes, lo más probable es que se trate de un conflicto emocional que ha llegado a la vida de tu hijo para que actúe y cambie, algo en lo que puedes tener mucho que ver y mucho que aportar.

5.2. El perfil del niño con trastorno de ansiedad

El niño con trastorno de ansiedad suele presentar miedos excesivos y evidentes, propensión a la sobreprotección y preocupación excesiva hacia experiencias que no suponen peligro real, tendencia perfeccionista y autoexigente, así como dificultades a la hora de gestionar sus emociones, en buena medida debido a tanto trabajo mental. Por otra parte, es frecuente que experimente un estrés excesivo, lo cual hace que viva con más tensión cualquier situación.

Entre las reacciones físicas más comunes figuran la taquicardia, la hiperventilación —una respiración más rápida y profunda que provoca la sensación de falta de aire o mareos— y la opresión torácica. También son frecuentes la sensación de atragantamiento, náuseas, cefaleas o dolores de cabeza, tensión excesiva, parestesias u hormigueos en extremidades, los temblores y vértigos.

Todas estas reacciones suelen llevar a los padres a la consulta del especialista, que a partir de los síntomas diagnostica la existencia de este trastorno. La atención psicológica es fundamental en niños, sobre todo al inicio, ya que con la edad el problema se vuelve más complejo. Este trastorno es un problema muy frecuente hoy en día, con un fuerte impacto en las relaciones, el trabajo y el desarrollo personal, de modo que es fundamental resolverlo cuanto antes. Por ello, si crees que tu hijo está sufriéndolo, mi principal consejo es que busques ayuda profesional.

5.3. Cuándo aparece el trastorno

Quien padece trastorno de ansiedad experimenta ansiedad de un modo desmesurado y continuado —por ello se usa la palabra «trastorno», que significa 'mal funcionamiento'—, una situación en la que esta emoción se ha descontrolado debido a distintos motivos. Quien sufre este problema deberá tratar tales circunstancias para recuperarse.

El trastorno de ansiedad se da cuando esta emoción surge sin necesidad debido a temores irracionales o preocupaciones excesivas, y se convierte en una realidad difícil de gestionar, sobre todo si no entendemos lo que ocurre. En ese caso, esta respuesta adaptativa se vuelve negativa o «patológica», ya que es excesiva y del todo incontrolable.

Por fortuna, no todo son malas noticias, ya que este trastorno es el conflicto de salud mental más común hoy en día en el mundo, una realidad que no tiene por qué provocar a tu hijo daño alguno, un conflicto emocional que aunque genera mucho malestar puede ayudar a que mejoremos muchos aspectos de nuestra vida. En el caso de tu hijo, este problema puede ayudarle a convertirse en alguien mucho más consciente, así como a desarrollar herramientas para afrontar este y otros problemas.

5.4. Los síntomas del trastorno de ansiedad

Esta reacción da lugar a una serie de síntomas. Conocerlos en detalle puede convertirse en uno de tus mejores aliados para saber si tu hijo está sufriendo este trastorno y comprender que no padece nada distinto. Estos son los síntomas principales:

- **Físicos.** Taquicardia, palpitaciones, opresión en el pecho, falta de aire, temblores, sudoración, molestias digestivas, náuseas, vómitos, «nudo» en el estómago, alteraciones de la alimentación, tensión y rigidez muscular, cansancio, hormigueo, sensación de mareo e inestabilidad.
- **Psicológicos.** Inquietud, agobio, sensación de amenaza o peligro, ganas de huir o atacar, inseguridad, sensación de vacío, extrañeza o despersonalización, temor a perder el control, recelos, sospechas, incertidumbre, dificultad para tomar decisiones. En casos más extremos, temor a la muerte, a la locura o al suicidio.
- *Conductuales.* Estado continuo de alerta e hipervigilancia, bloqueos, torpeza o dificultad para actuar, impulsividad, inquietud motora, dificultad para estarse quieto y en reposo. Estos síntomas vienen acompañados de cambios en la expresividad y el lenguaje corporal: rigidez, movimientos torpes de manos y brazos, tensión de las mandíbulas, cambios en la voz, expresión facial de asombro, duda o crispación.
- *Intelectuales o cognitivos.* Dificultades de atención, concentración y memoria, aumento de los despistes y descuidos, preocupación excesiva, expectativas negativas, rumiación mental, pensamientos distorsionados e inoportunos, incremento de las dudas y la

sensación de confusión, tendencia a recordar sobre todo cosas desagradables, sobrevaloración de pequeños detalles desfavorables, abuso de la prevención y de la sospecha, interpretaciones inadecuadas, susceptibilidad...

- **Sociales.** Irritabilidad, ensimismamiento, dificultades para iniciar o seguir en una conversación, en unos casos, y verborrea en otros, bloquearse o quedarse en blanco a la hora de preguntar o responder, dificultades para expresar las propias opiniones o hacer valer los propios derechos, temor excesivo a posibles conflictos, etc.

> Este libro te ayudará a que el camino sea más sencillo y necesites menos información y herramientas, pero cuanto más limite y condicione este problema la vida de tu hijo o hija, más necesario será recurrir a un profesional.

5.5. Principales tipos de ansiedad en niños y adolescentes

Conocer las maneras en que se manifiesta la ansiedad te ayudará a que tú y tu hijo podáis entender de qué está hecha esta emoción y a que juntos podáis ponerle remedio. Por lo general, este trastorno se expresa de manera similar en niños y adultos, aunque existen algunas manifestaciones más propias de la edad infantil, como el mutismo selectivo o la ansiedad por separación.

Estos serían los tipos de trastornos ansiosos más comunes entre niños y adolescentes:

- Trastorno de ansiedad por separación
- Fobias específicas
- Fobia social
- Mutismo selectivo
- Trastorno de ansiedad generalizada
- Trastorno obsesivo compulsivo

En menor medida, también pueden darse estos:

- Trastorno de pánico
- Agorafobia
- Trastorno de estrés postraumático

TRASTORNO DE ANSIEDAD POR SEPARACIÓN

¿Recuerdas los días en que al separarte de tu pequeño lloraba tanto que notabas el corazón en un puño? ¿Has sentido alguna vez que tu hijo o hija sufre al dejarlo con la canguro, en la guardería o en la escuela?

Cuando el pequeño sabe distinguir a sus padres y de repente no son ellos quienes lo despiertan, sino la cuidadora, la abuela o un tío, suele darse esta situación. A mí me pasó con mis queridas sobrinas Miren y Martina, y me llevó bastantes minutos, muy mal rato y unas cuantas dosis de *Peppa Pig* volver a ganarme su confianza.

Todo se debe a la ansiedad por separación, probablemente el primer tipo de ansiedad que experimentamos los seres humanos. Un malestar que sufrí, has sufrido tú, y seguramente vivirá cualquier otra persona en sus primeros años de vida, ya que, en la inmensa mayoría de los casos, a medida que los bebés crecen, sus emociones y reacciones hacia el mundo que los rodea son predecibles y se producen en un orden determinado.

Entre los 8 y los 14 meses los niños experimentan miedo excesivo cuando conocen personas nuevas o visitan nuevos lugares. Reconocen a sus padres como familiares que les dan seguridad, así que cuando se separan de ellos se sienten amenazados e inseguros. En esta etapa nace el temor a ser alejado de un ser querido, normalmente de uno de sus padres.

Por lo general este tipo de ansiedad desaparece *alrededor de los 2 años* de edad, cuando el niño aprende que, aunque sus padres suelen estar fuera durante determinadas horas, al final vuelven y no ocurre nada malo.

Hasta ahí todo es normal y forma parte de la vida, pero en algunos niños estos miedos llegan a interferir con sus actividades normales, como por ejemplo negarse a ir al colegio porque será separado de sus padres. Cuando estas reacciones duran varias semanas, el niño puede estar sufriendo este tipo de ansiedad, una reacción excesiva que limita y condiciona su vida y la de sus familiares cuando se acerca el momento en que el niño tiene que separarse de alguno de ellos.

Puede resultar difícil diferenciar entre un temor normal

y corriente o un trastorno de ansiedad. Los psicólogos consideran que para diagnosticar que un niño sufre este tipo de ansiedad debe presentar al menos tres de los siguientes síntomas durante más de un mes:

- *Malestar excesivo y constante* cuando se anticipa o se da esta separación. Una inquietud que suele ir acompañada de rabietas y llanto.

- *Preocupación extrema* por la posible pérdida de sus seres queridos o que puedan sufrir un daño, una enfermedad, morir o que pueda perderse, ser raptado o tener un accidente.

- *Resistencia a ir a la escuela* o a que el padre o la madre salgan de casa, vayan al trabajo o a otro lugar y se separen de él o ella.

- *Miedo excesivo a estar solo* o sin las principales figuras de apego.

- *Negativa a dormir fuera de casa* o hacerlo sin estar cerca de ese ser querido tan importante.

- *Pesadillas recurrentes* sobre temas que tienen que ver con esta separación.

- *Quejas continuas,* muchas veces acompañadas de síntomas físicos como dolor de cabeza, dolor de estómago, náuseas o vómitos cuando se produce o se intuye esta separación.

Fobia específica

Las fobias son un problema bastante común en los adultos que afecta también a los niños, ya que entorno al 5 % de los pequeños las padecen. Esta manifestación de la ansiedad se caracteriza por la presencia de un miedo extremo hacia un objeto o situación que en realidad no implican un peligro real.

Un temor excesivo puede resultar molesto, pero no se considera fobia específica, a menos que cause una alteración grave y continua en la vida de quien lo sufre. La mayoría de los niños con fobia le tienen miedo a más de un elemento, su temor suele ser desproporcionado e irracional, pero el objeto de la fobia genera una reacción ansiosa tan fuerte que se hace difícil mantener el control. Por ello, la respuesta más común ante estos miedos extremos, tanto en pequeños como en mayores, es evitar los estímulos que la provocan, lo cual empeora y prolonga el problema.

Normalmente estas fobias se clasifican en:

- *Fobia hacia los animales:* miedo a ser atacados por un animal.
- *Fobia ambiental:* miedo extremo a los fenómenos naturales como las tormentas o la oscuridad, la fobia más común en la infancia.
- *Fobia a la sangre, agujas y daño físico:* miedo a todo aquello que implica uso de agujas, operaciones, sangre o cualquier elemento que pueda provocar daño físico.
- *Fobia a las situaciones:* temor extremo a lugares cerra-

dos o abiertos, viajes, a la gente, hablar en público y otras situaciones.

- *Otras fobias* menos comunes, como el temor al ruido, a los payasos o a atragantarse, entre otros.

En algunos casos estas fobias pueden causar problemas serios en la escuela, familia o cualquier otra situación. Por ello, cuanto antes se reconozca este problema y se trate, mucho antes y mejor se conseguirá solucionarlo.

Un ejemplo perfecto para entender fácilmente cómo funcionan las fobias en niños, y cómo se mantienen y evolucionan después en adultos, tiene que ver con una experiencia que vivió mi querido hermano Berni.

En una mañana tranquila y soleada de hace más de dos décadas, mi hermano y uno de nuestros primos llamado Odei se acercaron al pantano de nuestro pequeño pueblo alavés, Erentxun.

Aparte de ser nuestro pueblo —allí nació nuestra madre y su familia—, era también el lugar más divertido del mundo, un espacio en el que disfrutábamos de las mejores aventuras.

Aquella mañana seguramente era bastante calurosa, ya que bañarse en un pantano en el País Vasco no es algo muy común. O estás muy loco, o sin duda el tiempo te acompaña...

Mi hermano tendría entonces unos diez años, y nuestro primo dos o tres menos. A esa edad los niños confían en gran medida en sí mismos y sus capacidades. Si a ello añadimos las descargas de adrenalina que se experimentan ante cualquier nueva aventura, es más que probable ir en busca de los propios límites.

Y así fue como ambos utilizaron cuatro frágiles troncos de madera a modo de balsa para intentar atravesar el entero pantano, una pequeña presa que en aquellos tiempos nos parecía el océano, pero que por fortuna no tendría más de cien metros de diámetro...

Según me contó después Berni, se subieron en esa tosca estructura entusiasmados para empezar a remar con las manos e intentar llevar a cabo su alocada aventura. Como adultos tal vez nos parezca algo sencillo, pero a esa edad, atreverse a hacer algo así es similar a intentar atravesar el estrecho de Gibraltar en un kayak.

Mientras escribo me doy cuenta de que también a mí me sube la adrenalina y recuerdo cómo gozábamos de aquella edad. Realmente, por mucha experiencia y madurez que queramos aportar los adultos, los niños tienen que experimentar y vivir cierto tipo de situaciones, tal vez no tan alocadas como esta, pero en esa etapa de la vida el niño no entiende el peligro como algo tangible, todo parece lejano y jamás crees que algo malo puede pasarte a ti. Hasta que pasa, y así les sucedió a mi hermano y a mi primo...

Habían recorrido unos veinte metros desde la orilla cuando notaron que la estructura empezaba a tambalearse. Seguramente ninguno de los dos imaginaba que segundos más tarde su barco pirata cedería y caerían al agua. Y lo que ninguno de los dos tuvo en cuenta antes de intentar la hazaña era que uno no sabía nadar en absoluto, y el otro nadaba al estilo perro, así que apenas sabía mantenerse a flote.

Todo pudo acabar de manera trágica, pero por fortuna el instinto de supervivencia unido al ingenio contribuyeron a que todo quedase en un gran susto. Berni pudo mantenerse a flote y algunos maderos le sirvieron de apoyo. Odei no tenía ni idea de nadar y el único agarradero que encontró fue el cuerpo de mi hermano. Luchaba por su vida, así que lo aferraba con tal fuerza que poco a poco los dos comenzaron a hundirse.

En aquellos instantes el objetivo para ambos era uno. La lógica no servía de nada, lo único que debían hacer era evitar ahogarse. Así mi hermano intentó ayudar a Odei mientras lanzaba una brazada aquí y otra allá. Cuando podían, ambos se tomaban algún que otro respiro, y entre una cosa y otra, natación estilo canino y mucha voluntad por mantenerse con vida, al cabo de pocos minutos llegaron a la orilla, exhaustos y mareados, pero por fortuna vivos.

Menos mal que fue así, porque aquel percance pudo costar muy caro no solo a mi hermano y mi primo, sino a toda la familia. Afortunadamente no ocurrió nada grave, aunque aquella experiencia quedó marcada a fuego en la memoria emocional de mi hermano.

Berni me contó años más tarde que a partir de entonces sentía un miedo excesivo cuando nadaba, lo que le había hecho evitar intentarlo en muchas ocasiones, hasta sentir un miedo exagerado ante situaciones que nada tenían de peligroso.

Aquella experiencia fue registrada en el hipotálamo de mi hermano —su memoria emocional— como un suceso tan potencialmente peligroso que podía llegar a ser mortal si no era tenido en cuenta. De esta manera, cuando tenía que enfrentarse a situaciones parecidas, algo dentro de sí mismo le advertía automáticamente, con la ansiedad y sus síntomas, de esa posibilidad. Y aunque muchas veces no entendía el motivo, la reacción era tan potente que prefería mantenerse siempre y en todo momento en un lugar donde el agua no le cubriese, a escasos metros de la orilla.

Así surgen las fobias, una reacción tan exagerada que poco a poco nos insta a evitar todo lo relacionado con el objeto de la fobia. En el caso de mi hermano, podría haberlo llevado a evitar todo lo que tuviese que ver con el agua.

Si quien experimenta este miedo extremo no se expone a él para ir normalizando estos problemas, el problema se agrava. Esta relación puede ser tan extrema que, en casos como el del agua, las personas pueden reaccionar con ansiedad ante situaciones tan poco peligrosas como ducharse, bañarse en un lugar poco profundo o cualquier otra experiencia en la que el agua intervenga.

Fobia social

Esta fobia es más frecuente en adolescentes que en niños, ya que surge en la etapa de desarrollo en que empezamos a tener conciencia social, una fase en la que se acentúa el miedo a ser evaluado o criticado de manera negativa.

Muchas veces este tipo de ansiedad se desencadena cuando un adolescente tiene miedo de ser percibido como nervioso, débil o diferente, una reacción a situaciones que ocurren en un entorno externo al ámbito familiar y provoca una fuerte ansiedad en el adolescente.

Algunas señales que pueden ayudarte a discernir si tu hijo puede estar sufriendo este tipo de fobia son la tartamudez, ponerse rojo en demasiadas ocasiones aparentemente normales, la taquicardia, los temblores, la sudoración excesiva o tener dificultad para respirar ante las experiencias sociales.

Mutismo selectivo

En ocasiones, el niño se queda literalmente mudo en determinadas situaciones, mientras que en otras habla con normalidad. Es frecuente que el pequeño hable en casa y en situaciones en que se siente cómodo, pero deja de hacerlo en otras, como la escuela, actividades extraescolares o cuando interactúa con los compañeros de clase. El nombre de «selectivo» se debe a que, aunque pueden hablar por los codos cuando se sienten seguros, enmudecen cuando la situación les resulta amenazadora.

Los padres suelen notar señales de este tipo de ansiedad a partir de los 3 años, y existen casos extremos en los que el pequeño podría pasar uno o más años enteros sin decir una palabra.

El niño con este trastorno experimenta ansiedad ante determinadas situaciones sociales que interpreta como amenazantes. Ante el miedo a ser juzgado o el temor a no dar la respuesta adecuada, el pequeño siente un auténtico peligro, y ello le produce este bloqueo en el habla.

Para saber si tu hijo lo sufre, hay que fijarse en si:

- el niño habla y socializa normalmente en casa, pero no lo hace en la escuela o con desconocidos;
- se queda paralizado de miedo o parece desconectarse cuando no puede hablar;
- puede usar gestos o expresiones para comunicarse, aunque también puede darse dificultad incluso para comunicarse de manera no verbal.

Si presenta alguno de estos síntomas durante un tiempo mayor a un mes, puedes considerar que tal vez esté sufriendo este tipo de ansiedad.

Trastorno de ansiedad generalizada, o TAG

Como indica el nombre, la ansiedad generalizada supone que se responda con ansiedad excesiva durante al menos seis meses ante un amplio abanico de situaciones. Eso trae a la vida de quien la padece un enorme número de motivos por los que preocuparse.

Estos son algunos de los síntomas que ayudan a identificar este tipo de ansiedad:

- Dificultad para controlar las preocupaciones.
- Sentir tres o más de estos síntomas: inquietud o nerviosismo, irritabilidad, tensión muscular, fatiga, dificultad para concentrarse o problemas de sueño. Reco-

nocer que alguna de estas sensaciones ha estado presente más días de los que ha estado ausente es una buena medida para comprender si nuestro hijo puede estar sufriendo ansiedad generalizada.

- Sentir dificultades en la realización de sus experiencias sociales, trabajos, calificaciones u otras áreas importantes en el desarrollo del niño, lo cual supone un condicionamiento y limitación en la vida del pequeño.
- Sus alteraciones no se pueden atribuir a los efectos de un medicamento, a problemas orgánicos ni a otro tipo de problema diferente a este.

Entre las causas más comunes en niños y adolescentes está todo aquello que tenga que ver con el éxito escolar. Es común que se sientan excesivamente ansiosos por temas como sacar buenas notas, complacer las expectativas de los padres, o debido a la incertidumbre de su futuro. También es común que los niños con TAG presenten mayor inestabilidad o irritabilidad, que tengan dificultad para concentrarse, padezcan dolores de cabeza o estómago frecuentes y se sientan inquietos. Y algo que suele ir muy de la mano en estos casos es el hecho de que «de padres ansiosos, hijos ansiosos», por lo que cuando los padres tienen un carácter excesivamente ansioso o temeroso, es muy común que puedan transmitir estos temores y forma de actuar y pensar a sus hijos, lo cual favorece que sufran este tipo de ansiedad.

TRASTORNO OBSESIVO COMPULSIVO, O TOC

Todos hemos tenido y tendremos preocupaciones a lo largo de nuestras vidas, pero cuando estas se hacen constantes y extremas, y no se van de la cabeza por mucho que se intente, en ocasiones pueden derivar en el conocido como trastorno obsesivo compulsivo. Para quien lo padece, esas constantes preocupaciones y temores se hacen tan extremas que se convierten en obsesiones, o lo que es lo mismo, pensamientos que asaltan sin tregua su mente generando muchísima ansiedad.

Junto a estas obsesiones suelen llegar las compulsiones, la letra C de este trastorno. Se trata de acciones repetidas, rituales que la persona con obsesiones realiza para intentar liberarse de su extrema ansiedad y para eliminar los pensamientos atemorizantes. Sin embargo, lejos de ayudar, las compulsiones consiguen todo lo contrario, ya que mantienen y hacen más fuertes y frecuentes las obsesiones.

Para los niños es más difícil que para los adultos reconocer este problema, ya que pueden pensar que las compulsiones son respuestas normales. Por ello es muy importante observar su comportamiento, ya que esos rituales pueden ser el mejor indicio para detectar si tu hijo puede estar sufriendo este trastorno.

Conocer las obsesiones más comunes puede ayudarte a reconocer si tu hijo puede estar pasando por esto:

- Temor excesivo a la suciedad, los gérmenes o a contaminarse

- Búsqueda constante de simetría y orden
- Obsesiones de tipo religioso
- Obsesiones por números de la suerte o de la mala suerte
- Temor a sufrir una enfermedad o un daño, o a que esto le pueda ocurrir a un ser querido
- Temor excesivo a sonidos, ideas o palabras no deseados
- Preocupación excesiva, y más para un niño, por cuestiones de la casa

Estas obsesiones dan lugar a las compulsiones, elementos más fáciles de observar que los pensamientos. Las más frecuentes son las siguientes:

- Rituales de limpieza, como lavarse las manos o cepillarse los dientes de manera excesiva y constante.
- Comportamientos repetidos, como entrar y salir por una puerta, moverse en los espacios de determinada manera, acumular cosas que no son necesarias o útiles, volver a leer, borrar una y otra vez lo escrito.
- Necesidad de comprobación excesiva.
- Compulsiones para evitar el contacto con algo o alguien que pudiera estar contaminado.
- Acciones de prevención sobre el daño a uno mismo o a los demás.

Según los especialistas, para considerar que un niño sufre TOC, debe cumplir alguna de estas señales:

- Manos agrietadas o encías magulladas por el lavado constante.
- Uso excesivo de jabón o papel higiénico.
- Orificios en las hojas por borrar de manera compulsiva.
- Peticiones raras, como repetir frases extrañas o responder siempre la misma pregunta.
- Temor constante y excesivo a padecer una enfermedad o a que ocurra algo terrible.
- Aumento repentino de ropa para lavar.
- Observar que realiza acciones repetitivas o compulsiones como las indicadas anteriormente.
- Negarse a salir de la casa al mismo tiempo que otros integrantes de la familia.

Trastorno de pánico

El trastorno de pánico, un problema que se caracteriza por la presencia de ataques de miedo extremo continuos, sucede más a menudo en adolescentes y adultos que en niños.

Quienes hemos sufrido estos ataques sabemos lo mal que se pasa. Se trata de la manifestación más potente de la ansiedad en el organismo, una aparición súbita de temor en su máxima expresión, con una cantidad enorme y devastadora de sensaciones que suele durar varios minutos. Durante ese tiempo se experimentan síntomas físicos y mentales tan potentes como palpitaciones, mareos, dificultad para respirar, molestias en el tórax, miedo a perder el control, volverse loco o enfermar muy gravemente. Como ya hemos visto, estos son los síntomas habituales de la ansiedad, pero durante un ataque de pánico se manifiestan con más fuerza que nunca...

Estos ataques suelen presentarse sin esperarlo y sucederse en distintas ocasiones a lo largo de al menos un mes. A partir de entonces es normal tener miedo a sufrir otro o estar preocupados por las posibles consecuencias, incluso aunque no se dé este ataque. También se experimenta una gran preocupación por no poder contar con la ayuda necesaria o incluso a hacer el ridículo, que suele asociarse a la aparición de otros tipos de ansiedad como la agorafobia.

En general no es difícil identificar esta manifestación de la ansiedad en un niño, ya que es una reacción tan potente que se advierte al instante. Es muy importante saber si tu hijo ha sufrido una de estas crisis, ya que a partir de ahí podremos ayudarle a desarrollar herramientas para responder de la manera adecuada y para comprender que puede recuperar el control antes de que el problema vaya a más.

AGORAFOBIA

Se trata de una de las fobias más comunes en adultos, aunque afortunadamente poco común en niños. Por desgracia, este tipo de ansiedad cada vez afecta más a los adolescentes, y más aún si han sufrido algún ataque de pánico.

La palabra «agorafobia» proviene del término griego *ágora*, que significa 'plaza', unido a *fobia*, que, como ya sabes, supone un temor intenso hacia una situación o elemento. Por tanto, interpretada literalmente, esta fobia supone un miedo extremo a las plazas, o lo que es lo mismo, a los lugares abiertos y generalmente llenos de personas.

Quien la sufre teme cualquier lugar o situación donde no se sienta «seguro» o en el que no pueda «recibir ayuda». Algunas personas temen sufrir un ataque de ansiedad fuera de casa, lo cual les dificulta salir solas; otras tienen miedo de entrar en lugares concurridos, e incluso hay quienes experimentan verdadero pánico a quedarse solos en espacios exteriores. Esta fobia supone un temor extremo que muchas veces conduce a evitar cualquier escenario que pueda desencadenar una crisis de pánico.

Para ayudarte a reconocer si tu hijo puede estar sufriendo agorafobia, debes observar si:

- Sufre miedo extremo a estar en lugares donde podría ser difícil escapar, o incluso se asusta al imaginar este tipo de situaciones.
- Teme perder el control o sufrir una crisis de ansiedad en un lugar público.
- Se distancia o separa de los demás o de este tipo de situaciones para sentirse tranquilo. Inventa excusas continuas para evitar este tipo de situaciones.
- Sufre un temor extremo a quedarse solo en lugares abiertos, por lo que cada vez le cuesta más salir de casa.

En ese caso, la mejor manera de ayudarle sería comunicarte con él para entender los orígenes de esta fobia y ayudarle a desarrollar herramientas que le hagan sentirse cómodo y seguro ante este tipo de situaciones.

TRASTORNO DE ESTRÉS POSTRAUMÁTICO

Como se entiende por su denominación, este tipo de ansiedad supone en quien la sufre una reacción con ansiedad extrema ante hechos traumáticos, que incluyen recuerdos continuados e indeseados sobre esa experiencia. Suele aparecer tras haber presenciado o experimentado un acto de violencia extremo, como el ataque de un perro, un accidente, una violación, un tiroteo o un desastre natural.

Como siempre, la manera más común de enfrentarse a ello es procurando evitar cualquier situación que conlleve ese recuerdo, pero no siempre es tan sencillo, y menos si la exposición supone revivir o recordar situaciones traumáticas.

Muchas veces quien lo sufre puede llegar a esconder el trauma, pero conforme crece puede ir manifestando esta ansiedad incluso de una forma más difícil de afrontar, de ahí la importancia de tratarlo cuanto antes, tanto para el bienestar del niño como para su vida de adulto.

Para averiguar si tu hijo sufre este tipo de trastorno es preciso saber si existe un suceso traumático en su vida. Aparte de eso, es fácil reconocer los síntomas de ansiedad extrema justo después de esa experiencia, como pesadillas continuas, bloqueo emocional, miedo extremo o ataques de pánico.

La mejor respuesta como padre es que, tras conocer un hecho que el niño ha vivido y puede haber tenido un impacto emocional muy profundo en él, lo observes y le preguntes a diario cómo se siente. La terapia seguramente sea la mejor solución incluso si el niño no muestra síntomas, ya que de no tratarlo, la angustia y ansiedad pueden provocar daños mayores o la aparición de trastornos depresivos, que lo afectarán de manera muy negativa incluso cuando sea adulto.

Conociendo las formas en que puede presentarse la ansiedad en la vida de niños y adolescentes hemos llegado al final de esta etapa de descubrimiento, una información que espero se convierta en tu mejor recurso para acompañar a tu hijo en el proceso más importante de todos: *conseguir desarrollar las herramientas emocionales necesarias para que sea siempre él, y no problemas como este, quien dirija su vida.*

CÓMO PONER FIN A LA ANSIEDAD

Tengo que soportar dos o tres orugas para ver las mariposas.

Antoine de Saint-Exupéry,

El Principito

Como hemos visto, el miedo y el estrés tienen un impacto directo en la ansiedad. También hemos descubierto cómo funcionan estas emociones y de qué manera puedes actuar para ayudar a tu hijo en este ámbito de su educación emocional.

Un trastorno supone un mal funcionamiento, un comportamiento erróneo del organismo que, en el caso que nos ocupa, tiene que ver con una o varias emociones y puede durar meses. Su tratamiento es algo distinto de lo que hemos visto hasta ahora, por cuanto no vale únicamente con comprender y actuar para resolver la situación, sino que es preciso un trabajo constante hasta ir regulando el organismo. Para ayudarte con ello, te propongo que dividas el proceso en tres etapas:

- *Aceptar* la ansiedad.
- *Actuar* y hacer mejoras en nuestro cuerpo y mente.
- *Convivir de una manera más positiva con el trastorno* hasta que deje de molestarnos.

Tras haberla sufrido en mis propias carnes durante años, considero que no hay nada más importante que sentirse comprendido. Por ello, dado que tu intención es ayudar a tu hijo a sentirse mejor hasta recuperarse, es fundamental que entiendas primero lo que supone convivir con este trastorno, algo que si has llegado hasta aquí ya has conseguido, y a continuación intervenir en la educación de tu hijo para que pueda comprender lo que le pasa y mejorar.

Es importante que reconozcas y entiendas tu labor, estatus y responsabilidad. Ser padre o adulto no significa tener siempre la razón o dar órdenes. Como bien sabes, ser adulto significa comprender lo que implica no serlo, aceptar y entender que tu hijo pasa por una etapa diferente a la tuya, y que por ello debes ser más paciente, comprensivo y responsable.

En la difícil pero tan necesaria tarea de ser buenos padres, hay que entender que cualquier tipo de trastorno emocional supone fuertes cambios en el comportamiento de quien lo padece. Si esa persona es tu hijo y además de sufrir un trastorno se está desarrollando, es preciso tener paciencia, comprender la realidad que está viviendo, entender en qué etapa de desarrollo se encuentra, y saber cómo comunicarte con él para ayudarle a afrontar problemas tan complicados como estos en la etapa en que le ha tocado sufrirlos.

Responder desde la ansiedad y el miedo extremo puede parecer una respuesta o comportamiento del todo ilógico, pero como ahora sabes, cuando se sufre este problema, ciertos estímulos condicionan el comportamiento de tal manera que quien lo padece pasa a estar dominado por el cerebro emocional e instintivo. En este mecanismo interviene muy poco la razón, y menos aún si esto sucede en un niño pequeño, cuya razón todavía no está funcionando o lo hace de manera limitada.

Sabes que la ansiedad es un mecanismo con el que contamos todos los seres humanos y que se activa para intentar gestionar las situaciones amenazantes. Una máquina que cuando toma el control no puede ser desactivada recurriendo solo a la lógica, y menos aún en el caso de niños o adolescentes. Por ello se necesita mucha comprensión, tolerancia y paciencia, mucho amor por tu parte para acompañar a tu hijo y trabajar esa parte racional de sí mismo para que ponga las cosas en su sitio, mucho amor para ayudar a que no se frustre ni menosprecie, a que tenga compasión consigo mismo y una buena autoestima, a que no se moleste por tener esos miedos tan extremos, esa angustia descontrolada o esa reacción tan alterada. Si tu hijo sufre ansiedad, tanto tú como él debéis aceptar y reconocer que cuando una persona está sometida a esta emoción, reacciona de una manera absurda o desmesurada, incluso aunque se dé cuenta de lo irracional o exagerado de esos miedos o pensamientos.

El apoyo y el cariño en el proceso es fundamental, ya que aporta calma y mucha de esa buena química que tanto se necesita cuando se sufre un desequilibrio de tipo emocional. Por ello es prioritario que te informes adecuadamente, algo en lo que espero que este libro te sea de ayuda.

Ser comprensivo no significa aceptarlo todo, sino reconocer a la persona que sufre, ser la parte objetiva de la situación, animarle a trabajar en su mejora y a que reconozca cuándo puede estar dejándose llevar por el pánico, así como ayudarle a desarrollar herramientas para relajarse o a descubrir cuánto bien puede proporcionar un beso o un abrazo. Todas las emociones positivas ayudarán a contrarrestar esas otras sensaciones que generan malestar. Ayudar a alguien con ansiedad es darle amor y cariño, pero también motivarlo e incluso hacerle saber cuándo se puede estar equivocando...

Y tan importante como motivar, acompañar y comprender a la persona que sufre es reconocer que en ocasiones lo más oportuno puede ser buscar ayuda profesional, ya que debido a la personalidad, al tipo de trastorno, motivos específicos de cada persona e incluso a la genética, puede ser muy acertado realizar terapia.

En el caso de que tu hijo realice terapia psicológica, también puedes ayudar como coterapeuta. Si lo intentas, ten en cuenta que lo mejor es recibir instrucciones por parte del especialista para saber cómo acompañar al niño cuando se exponga a las situaciones o estímulos que le generan ansiedad. Recuerda que la manera de ayudar a tu hijo no es evitándole este tipo de situaciones o afrontándolas por él, sino todo lo contrario. Tu hijo tiene que enfrentarse a sus dragones por sí mismo, hasta que logre descubrir que sus monstruos no eran aquello que había supuesto. Si le ayudas a evitarlos o dejar de combatirlos, únicamente habrás mantenido en él esa creencia errónea o esos monstruos. Por ello, ten siempre presente que tu labor consiste en ayudarle a desarrollar herramientas, no en esconder un problema que, de no ser tratado, volverá después con más fuerza.

Sea cual sea el caso, lo más importante para conseguir el éxito es que tu hijo y tú partáis de una base. Una verdad que seguro que ahora ya entiendes, pero puede que a tu hijo tal vez le cueste un poco más: reconocer que ante los problemas vitales, ante este tipo de dificultades emocionales, el trabajo debe ser propio, nada ni nadie podrán hacerlo por él. Tu apoyo será fundamental, pero será su acción la que le permitirá salir del bache. Cualquier cambio en su actitud o mentalidad debe hacerlo él.

El trabajo comienza por algo muy sencillo, el primer paso para superar este problema: aceptar la ansiedad, con todo lo que ello supone.

1

Aceptar la ansiedad

> La crisis se produce cuando lo viejo no acaba de morir y cuando lo nuevo no acaba de nacer.
>
> BERTOLT BRECHT

Ante todo, me gustaría dejar claro que aceptar una circunstancia no significa resignarse a ella. La aceptación no supone conformarse con lo que hay, sino más bien lo contrario. Tratándose de la ansiedad, aceptarla implica reconocer cuál es el problema y saber cómo funciona, para a continuación ver cómo superarlo. En este caso debería ser tu hijo quien empezase por este punto, y como padre debes ayudarle a conseguirlo para que asuma su realidad sin miedo hasta superar el conflicto y superarse a sí mismo.

Si no entendemos de qué está hecho un problema, jamás

comprenderemos de qué manera podemos solucionarlo, de ahí la importancia de este libro y de toda la información que hasta ahora has conocido.

Aparte de comprender el problema es necesario reconocer de qué puede estar hecho el caso específico de tu hijo, y para conseguirlo nada mejor que hacer uso del autoconocimiento, fomentar el de tu hijo, una aptitud en la que podéis trabajar juntos. Esta experiencia puede traer muchísimas cosas buenas a vuestras vidas.

1.1. Ayuda a tu hijo a conocerse mejor

Probablemente a pocos de nosotros nos han hablado sobre una de las más importantes y útiles necesidades humanas, una verdad que uno de los más famosos sabios de la antigüedad inscribió en el conocido templo de Apolo de Delfos, en una de las más célebres frases de la humanidad. Se trata de esa eterna e importante reflexión que dice «Conócete a ti mismo».

Seguramente Sócrates, sabio por experimentado y genial pensador, le dio tantas vueltas al coco en vida que terminó por darse cuenta de que tanto o más importante que conocer el mundo era empezar por uno mismo, recordando que antes de dar ningún paso o tomar cualquier decisión, no hay nada más importante que mirar hacia dentro, conocerse y comprender también qué se desea y cuáles son los motivos que nos mueven, para averiguar si somos realmente los capitanes de nuestro propio barco.

Esa verdad, la de conocerse a uno mismo, es una realidad que creo que tarde o temprano llega a la vida de toda persona. Una experiencia que realmente establece la diferencia en el propio autodesarrollo, ya que actuar sin comprender por qué lo hacemos sería lo más parecido a no tener en cuenta nuestra razón y emociones, es decir, actuar movidos únicamente por el instinto.

La vida está hecha de cosas que nos hacen sentir felices, pero también de lo contrario. Cuando ocurre esto último, realmente crecemos como personas. Al pasar por tales experiencias solemos desarrollar herramientas que nos permitan afrontar el dolor, ya sea físico o emocional, hasta superarlo. Estos retos nos llevan a generar mecanismos que nos permitirán enfrentar situaciones similares en el futuro, o que nos ayudarán a recordar esa gran verdad. El dolor será nuestro y lo sentiremos nosotros, y aunque estemos acompañados, nos tocará encararnos a él solos. Tarde o temprano, tu hijo también tendrá que pasar por este tipo de situaciones, y si sufre ansiedad, será más temprano que tarde.

En estos periodos o etapas de duelo o dificultad, no hay nada más importante que confiar en uno mismo, conocerse y comprenderse para saber qué acciones ayudarán y que otras no, cuáles son las herramientas de que disponemos y qué otras debemos aprender. Eso supone el autoconocimiento, una tarea fundamental para entender de qué está hecho ese barco en el que deberemos aprender a navegar para afrontar el viaje y también las peores tormentas, como pueden ser la ansiedad, el duelo, la enfermedad u otros problemas emocionales.

Por todo ello, si quieres hacer de tu hijo una persona fuerte y responsable, es fundamental que lo acompañes y lo ayudes a enfrentar por él mismo, poco a poco y con mucho amor, sus propios desafíos.

Tu amor le aportará autoestima y autoconfianza, un poder que recordará que lleva siempre consigo y le hará posible superar cualquier dificultad, de ahí la importancia de acompañarlo con cariño en todas y cada una de sus etapas vitales. Una de las mejores muestras de amor en que puedes trabajar ya mismo, más aún si tu hijo está sufriendo un problema como este, es educarlo en su propio autoconocimiento.

Si acompañamos desde pequeños a nuestros hijos para que aprendan a dirigir su vida, seguro que ese autoconocimiento estará más trabajado llegado el momento. Ayudarles con ello supone preguntarles y que ellos mismos se hagan preguntas como: «¿Realmente quién quiero ser de mayor? ¿Qué me gusta hacer? ¿Cuáles son mis mayores ilusiones?». O incluso profundizar en cuestiones más sencillas, como qué tipo de libros o cuentos le gustan, cuál es su superhéroe o superheroína favoritos o qué superpoder les gustaría tener. Preguntas y respuestas que podrían suponer un gran refuerzo para que encuentren su lugar en el mundo.

Aparte de ello, conforme el niño vaya creciendo es bueno ayudarle a recordar cómo superó algunos de sus problemas, cuáles son algunos de sus gustos o aficiones, o qué virtudes o cualidades le ayudarían a tener mejores resultados. Sin embargo, es conveniente evitar el perfeccionismo, la frustración o el exceso de culpa.

Si existe algún momento decisivo para ayudar a tu hijo a conocerse mejor y demostrarse a sí mismo la importancia de hacerlo es cuando se alce ante él una dificultad. Seguramente a todos nos dejó marcados algún trágico suceso, una enfermedad o un duelo, experiencias que nos hicieron plantearnos la vida de otra manera. Eso nos permitió madurar y nos proporcionó un aprendizaje. Se trata de lecciones que nos hacen más fuertes para gestionar situaciones parecidas en un futuro.

Para afrontar el dolor nos tocará entender cómo nos afecta, cuáles son las circunstancias personales y los motivos del dolor en sí. Un momento que tal vez ya haya llegado a la vida de tu hijo en el caso de que esté sufriendo este complicado trastorno. Si es así, es hora de que tanto tú como tu hijo intentéis dar la vuelta a esta situación y observéis esta increíble oportunidad que os está brindando la vida.

A ti, la ocasión de ayudar a tu hijo a superar una de las etapas más complicadas de su existencia, una situación que si manejas bien te hará ganar muchísimos puntos como padre o madre. Después de esto, tu hijo recurrirá a ti siempre que tenga problemas, ya que recordará que le has ayudado y apoyado en una de sus peores experiencias.

Por otra parte, tu hijo tendrá la oportunidad de crecer y aprender a conocerse, comenzar a entender que en la vida a todo se le puede dar la vuelta, y que la posibilidad de descubrir oportunidades cuando solo veíamos problemas depende de nosotros mismos. Tanto ahora como en un futuro, todo ello puede hacer la diferencia en su vida, ayudándole a convertirse en quien siempre ha deseado…

Para animar a tu hijo a desarrollar su autoconocimiento, no hay nada mejor que invitarle a descubrir los posibles motivos de su problema, así como tus posibles errores, o los suyos en la forma de evaluar la realidad.

Ten en cuenta que los niños son como los pájaros, hay muchos y muy variados, incluso de distintas especies. Unos vuelan más alto y otros más bajo, pero lo que es seguro es que ninguno es más o menos feliz por volar a más o menos altura. Lo que les hace felices es el modo en que disfrutan del vuelo.

Por ello, no exijas a tus hijos la perfección. No esperes que tengan éxito, que sean los mejores o vuelen demasiado alto. Es mucho mejor permitirles conocerse y reconocerse, ayudarles a que comprendan cuáles son las cosas que les gustan y les hacen felices; es mucho más útil hacerles disfrutar de sus propios vuelos, en lugar de suscitarles creencias erróneas, necesidades sin sentido o sueños que no les pertenecen y tal vez nunca han deseado.

1.2. Descubriendo sus motivos

Considero que no existe mejor aliado para comprender los motivos personales de la ansiedad que buscarlos cuando surgen sus síntomas en nuestro cuerpo.

Por ello, si tu hijo aprende a usar este recurso a su favor —tú le puedes ayudar a conseguirlo— y a considerar estos síntomas no como algo malo que evitar, sino como una brújula que puede hacerle comprender esos elementos o situaciones que lo alteran y tiene que trabajar para cambiar, podrá convivir mejor con su ansiedad y calmarse, a la vez que descubre —o lo hacéis juntos— cuáles pueden ser los factores que han activado el trastorno.

La llegada de la ansiedad provoca una realidad difícil de gestionar, y aunque seguramente ha pillado a tu hijo por sorpresa, es más que probable que muchas señales indicaran que algo iba a suceder. Tal vez aquellos dolores de cabeza continuos, las pesadillas nocturnas, esos hormigueos en brazos y piernas o los molestos pinchazos en el pecho; quizá esos problemas o temores que los mismos padres le habéis transmitido sin saberlo. Muchos pueden haber sido los motivos de su ansiedad, las circunstancias que han favorecido su aparición.

Cuando la ansiedad llega, debemos reconocerla y ayudar a nuestro hijo a que lo haga, porque el problema no desaparecerá si no se le hace caso o si no se trabaja para cambiar los aspectos que han activado esas falsas alarmas.

Superar la ansiedad supone escucharla, convertirla en nuestra amiga y descubrir cómo sus síntomas pueden susurrarnos los cambios que necesitamos realizar. Un trabajo que puedes hacer junto a tu hijo, dejando buena parte de la acción en sus manos. Para empezar, sería bueno tomar nota de los principales síntomas, cuándo y cómo se presentan. Eso os ayudará a ambos a entender cuáles son los desencadenantes de esta reacción desmesurada, y al niño le permitirá reconocerlos e ir trabajando y desarrollando herramientas que hagan que su organismo se calme hasta controlar la situación.

Tratar la ansiedad supone esto, reconocer cuándo y cómo

se presenta para conocerse mejor uno mismo y desarrollar herramientas que devuelvan la calma. Tanto las herramientas como los síntomas guardan una estrecha relación con su edad, mecanismos que conseguirán mitigar sus síntomas y sustituir esa asociación extrema de peligro que quedó grabada en su memoria emocional por otra mucho más adecuada a la situación.

Para empezar con ello, te aconsejo que reconozcáis y releáis juntos los síntomas de este trastorno y los asociéis a sus circunstancias personales. Eso le ayudará a entender que su problema es un trastorno de ansiedad, y no otro distinto. Para asegurarlo con más fuerza podríais haceros preguntas como *¿Existe alguna enfermedad en la que el miedo influya y agrave los síntomas?*

Enseguida veréis que no existe ninguna. Si el miedo está avisando y mediante él se presentan los síntomas, todo se debe únicamente a la ansiedad. Los síntomas se convierten así en la mejor brújula para comprender los motivos y poner remedio, y esta es la mejor acción para comenzar a mejorar.

Partiendo de este punto, veréis que todo empieza a cambiar. Reconocer que el problema tiene un nombre, definirlo y saber que no se trata de algo terminal, hace que la preocupación y los síntomas disminuyan inmediatamente. La base para dejar de sufrir innecesariamente consiste en reconocer el problema, asegurarse de que nadie va a perder la cabeza y mucho menos la vida (este es uno de los temores más comunes cuando se sufre ansiedad), para, llegados a este punto, trabajar por recuperar la calma y pasar a la acción. A partir de ahí recuperar el control es posible.

Descarta cualquier otra enfermedad y ayúdale a entender que solo sufre ansiedad, sobre todo anímalo para que sea él o ella quien reconozca esta realidad. Ten siempre en cuenta que para explicarle la situación lo mejor es hablarle en su idioma, utilizar su canal de comunicación.

Juntos veréis que existe cura, una salida en la que ahora vamos a trabajar más en detalle. Pronto entenderéis que no es el fin del mundo, sino más bien el comienzo de una nueva etapa que puede convertiros en personas más fuertes.

Si quieres ayudarle a que se sienta mejor cuando el miedo le invada, te aconsejo releer juntos el apartado «Los síntomas de la ansiedad» para que podáis observar que es imposible que exista una enfermedad que englobe tantas y tan distintas manifestaciones. Esta gran verdad debe ser suficiente para descartar otras posibilidades y eliminar uno de los peores enemigos hacia su recuperación, la hipocondría y el creer que puede ser algo peor, mortal o definitivo.

Este es el primer gran paso para superar este trastorno. Reconocerlo, aceptarlo, y dejar de darle fuerza, para una vez hecho *tratar la ansiedad*.

2

Tratar la ansiedad

Actúa del modo en que deseas sentirte.

Gretchen Rubin

Una vez que se entiende que todo se debe a la ansiedad, es bueno conocer cuáles son las mejores acciones para contrarrestar esta emoción excesiva y los síntomas que la acompañan.

En este capítulo intentaré hacer memoria de algunos de los ejercicios que utilicé para reducir los síntomas de la ansiedad, así como aquellas acciones y consejos que han podido servir a que muchas personas y niños mejoren su estado emocional para conseguir hacer frente a este problema.

Convivir con la ansiedad es convivir con una reacción tan potente y descontrolada que muchas veces nos arrastra, de modo que tanto sus síntomas físicos como mentales van en aumento. Se trata de una circunstancia que nos condiciona y ante la que no hay peor remedio que centrarse en lo mal que nos hacen sentir sus síntomas y creernos impotentes ante ellos. Por ello, todas estas acciones están orientadas a que ayudes a tu hijo a ser consciente de cuándo se activa la ansiedad en su cuerpo, para que acepte que no es otra cosa distinta y actúe empleando alguna de las herramientas que ahora vas a conocer, para que pueda recuperar ese control que necesita.

En este proceso es fundamental tener en cuenta la edad y etapa del niño, entendiendo que cuanto más pequeño sea, más importante es acompañarlo tanto física como emocionalmente en el proceso. A esas edades no hay mejor mecanismo de aprendizaje que el juego, por tanto, ayúdale a comprender y enfrentarse a sus problemas convirtiendo el proceso en una especie de juego, no en una tarea demasiado seria o complicada.

En cambio, si tu hijo es ya adolescente, su mismo desarrollo le pedirá responder por sí mismo a este desafío, de ahí la importancia de ayudarle a conocerse y conocer este problema. Para conseguirlo no hay nada mejor que hacer que encuentre en ti no solo al padre o la madre, sino sobre todo a un amigo, alguien que lo entiende y escucha y le está ayudando a comprenderlo todo mejor. Te aconsejo que lea este libro para que sea él o ella quien descubra sus mejores herramientas.

La mejor manera de enfrentarse a la ansiedad es reaccionar cuando se desencadenan sus síntomas. Si vemos que se está activando y ponemos en marcha nuestras mejores armas para tratarla, veremos que tenemos el poder de devolver a nuestro organismo a la calma, un poder que cuanto más se trabaje, más efectivo se hará y más seguridad aportará a la vida de tu hijo.

Si el niño consigue reconocer sus síntomas, asociarlos a esa necesidad de mejora vital y realizar sus ejercicios para gestionarlos, aprenderá a tomar el control de la situación. Una vez controlada, la ansiedad estará superada. Puede que no desaparezca del todo, pero si tu hijo comprende el poder que tiene sobre el problema, dejará de molestarle hasta desaparecer.

En el pasado, al intentar gestionar muchos de estos síntomas, dejando de considerarlos limitantes para pasar a entenderlos como indicadores, utilicé algunas acciones en ese trabajo de autorregulación. Años de investigación me han ayudado a identificar cuáles son las estrategias más oportunas en niños y adolescentes, acciones que si se trabajan conscientemente pueden convertirse en sus mejores herramientas. Con ellas podrá descubrir y recordar que el poder de dominar sus emociones siempre será suyo.

2.1. El objetivo es que tu hijo aprenda a manejar la ansiedad

Es fundamental que entiendas que el objetivo no es hacer desaparecer la ansiedad de tu hijo, sino ayudarle a que aprenda a manejarla.

Ninguno de nosotros quiere ver infeliz a sus seres queridos, y menos aún a sus hijos, pero la mejor manera de ayudarles a vencer este problema no es tratar de eliminar los factores que desencadenan su ansiedad. Si no ayudas a tu hijo a cambiar ese registro negativo en su memoria emocional y conseguir normalizar ese tipo de situaciones, esta reacción se mantendrá en su vida haciéndose más potente y duradera.

La solución radica en ayudarle a cambiar el registro, y para ello se debe aceptar la ansiedad y aprender a equilibrar la reacción ansiosa mientras se convive con ella hasta terminar por entender racionalmente los motivos de dicha falsa alarma.

Ten esto en cuenta, ya que cuando los niños están ansiosos, es totalmente normal que como padre desees ayudarlos a sentirse mejor rápidamente. Sin embargo, si les animas a evitar las cosas que temen, se sentirán mejor a corto plazo, pero la ansiedad se reforzará a medio y largo plazo.

Seguramente tú también has tenido o tienes reacciones desmesuradas y miedos irracionales debido a experiencias pasadas. Si es así, sabrás que el error no fue otro que evitar enfrentarse al problema. Podrá ser duro, podrá doler y generar mucha angustia, pero ser padre no significa esconder a tus hijos en una jaula de cristal para evitar que se expongan a la vida. Ser padre significa ayudarles a crecer de la mejor manera posible, a convertirse en personas fuertes. Por ello, es preciso animarles a desarrollar capacidades tanto físicas como emocionales para enfrentarse a su experiencia.

2.2. Respeta sus miedos, ayúdale a expresarse

Seguramente ahora entiendes mejor que tu hijo debe enfrentarse a sus miedos en lugar de evitarlos, y para ello como padre debes ayudarle a expresar sus temores. En esta tarea de regulación de síntomas e ideas, en esa búsqueda de equilibrio mente-cuerpo, tu hijo necesita saber que respetas sus miedos y que puede hablarte tranquilamente de ellos.

Por ello, no ridiculices sus temores ni respondas con palabras como «qué tonterías». Tampoco añadas más leña al fuego con ideas como «si no me haces caso algo malo puede suceder», o si tu hijo o hija es adolescente, no resumas tu inteligencia paterna con palabras como «son cosas de la edad» o «hazme caso porque yo pasé por ello». Una vez más, recuerda que tú eres el adulto y ellos están creciendo. Sus miedos y preocupaciones pueden tener formas tan variadas como distintos son sus cerebros, ideas e imaginación.

Así pues, intenta comunicarte con él para saber qué le está pasando, descubre sus miedos y ayúdale con palabras como «yo a tu edad tenía el mismo temor o me preocupaban cosas parecidas». Esa es la mejor manera de empezar a respetarle y ayudar a que se exprese.

Si te siente un igual, te reconocerá como amigo, como alguien a quien poder contar sus secretos más íntimos. Sin duda entiendes lo importante que es y será este punto para poder encaminarlo y ayudarlo desde tu perspectiva de adulto.

En ese acompañamiento, no debes amplificar sus miedos, ni mucho menos, pero sí hacerle entender que le tendemos una mano, que eso que le pasa a él también te ocurría a ti, por ejemplo, y que existen maneras de darle la vuelta a las cosas y verlas de una manera más positiva. De esta manera ayudarás a reforzar positivamente esas ideas o asociaciones y evitarás que se registren como algo negativo, para eliminar ese impacto emocional extremo e irracional. El mejor mensaje que puedes enviar a tu hijo es este: «Sé que estás asustado y es normal, yo también lo estuve con tu edad y entiendo lo mal que se pasa, pero recuerda que yo estoy aquí y que te quiero, te voy a ayudar a superar esto y a sentirlo de una manera más positiva».

Todos —tanto niños como adultos—, sabemos que la mayoría de los miedos no son del todo controlables por nuestra parte. Muchas veces tratamos de evitarlos o reducirlos, pero aun así no los dominamos. Miedo a los perros, a las arañas, a que te traicione tu pareja, a perder el trabajo, a que tus hijos consuman drogas o sufran por amor, miedo a perder a un familiar... Los temores son infinitos. Seguramente eres consciente de que en la vida puedes evitar constantemente pasar por delante de casas donde sabes que hay un perro, impedir que tus hijos se relacionen con los demás o dejar de salir a la calle para no tener un accidente. Pero también sabes que comportándote así estás evitando lo más importante que tienes ante ti, tu propia vida. Por otra parte, la experiencia nos dice que la huida no es un recurso infalible para evitar que lo que temes acabe ocurriendo. Por todo ello, lo importante es aprender a convivir con los miedos y valorarlos en su justa medida para vivir tranquilamente sin sufrimiento ni limitaciones, una realidad que tu hijo debe conocer.

2.3. Cuanto más consciente sea, más control tendrá sobre la ansiedad

Como te decía al inicio de este capítulo, tan importante como que tu hijo ponga en práctica estos recursos hasta descubrir los que mejor se adaptan a él, será que sepa reconocer cuándo llega su ansiedad y aumentan sus niveles de estrés y otros síntomas, para parar entonces, hacer una pausa y devolver el equilibrio a su organismo.

En este sentido, no hay nada mejor que conocer la ansiedad y sus síntomas, así como el propio cuerpo y mente para identificar lo que se siente.

Por ello, ayúdale a reconocer la manera en que se manifiesta su ansiedad. A partir de esta información podréis determinar qué tipo de ansiedad puede estar padeciendo y cuáles son los síntomas que acompañan al problema, para que aprenda a hacer una pausa y recurrir a sus mejores herramientas.

Ofrécele tu apoyo en este proceso y demuéstrale que, en lugar de dejarse llevar por el miedo, puede reconocer cuándo llega para devolver —de manera proactiva— su cuerpo a la calma. Si conscientemente comienza a comprender la relación entre los síntomas y la reacción y el poder que tiene para relajar esa reacción, estará dando el más importante paso en su recuperación.

2.4. Para dejar de enfocarse en los síntomas puede recurrir a las distracciones

Cuando se sufre ansiedad, no existe peor reacción que centrarnos en el malestar que sentimos, pues con eso solo hacemos que todo empeore. Existe una relación directa entre esta preocupación y el aumento de los síntomas, un círculo vicioso que se alimenta del miedo. De ahí que la mejor forma de reaccionar ante la ansiedad es evitar esa preocupación que nace con sus síntomas.

Para ayudar a tu hijo a conseguirlo, aparte de ayudarle a conocer los síntomas de la ansiedad, puedes explicarle que en cuanto reconozca que estos aumentan, algo de lo que hemos hablado en el punto anterior, lo acepte e intente desviar su atención. Eso supone dejar de apreciar lo que siente el cuerpo y la mente para pasar a centrarse en cualquier otra cosa, restando importancia a estas sensaciones. La mejor manera de conseguirlo es servirnos de nuestros sentidos.

Mediante esa comunicación que seguramente estás trabajando, explícale con ejemplos y ejercicios cómo ejercitar esa distracción, de qué manera puede cambiar su foco de atención de forma voluntaria, desviando la preocupación y las sensaciones hacia cualquier otro estímulo.

Muchas pueden ser las técnicas para distraerse, como por ejemplo contar números hacia atrás, nombrar jugadores o jugadoras de futbol, superhéroes, los títulos de sus dibujos animados preferidos, buscar formas en las nubes o contar el número de zapatos, muñecos o libros en su armario. En mi caso, cuando sentía que algún síntoma me asaltaba mientras caminaba por la calle, uno de mis mejores remedios era fijarme en las matrículas de los coches para empezar a hacer sumas o restas con los números. Pasados unos segundos, sin darme cuenta, descubría que los síntomas habían desaparecido.

Cuantas más acciones de distracción realice tu hijo, más fácil le resultará darse cuenta de la relación directa entre preocupación y síntomas. Si se piensa en la ansiedad, esta se potencia, pero si por el contrario se desvía la atención a cualquier otra cosa y se resta importancia a lo que se siente, los síntomas van disminuyendo hasta desaparecer.

2.5. No transmitas tus miedos a tu hijo

Recuerda que el cerebro del niño es como una esponja que absorbe información de cuanto ocurre a su alrededor. Dado que para él el ejemplo más importante son sus padres, no cometas el error de transmitir tus miedos a tu hijo, y cuando lo hagas —muchas veces es inevitable—, date cuenta de ello y lucha por cambiarlo. Estoy seguro de que si lo reconoces no querrás transmitir a tu hijo tus limitaciones, y tampoco esos temores irracionales que a ti han podido o aún pueden afectarte.

No siempre es sencillo, ya que muchas veces decimos mucho sin necesidad de decir nada a través de nuestro lenguaje corporal. Por ello deberíamos tener en cuenta aquello que decimos, pero también lo que no decimos, para no transmitir creencias negativas o temores nuestros a los más pequeños.

Imagina por ejemplo que tu hijo tuvo una experiencia negativa con un perro. Es lógico que la próxima vez que esté cerca de uno, nos sintamos ansiosos acerca de cómo reaccionará. Incluso con la intención de demostrar amor y cariño es posible que, sin querer, lleguemos a transmitir un mensaje que le haga sentir que, de hecho, debería preocuparse. Cuando esto ocurra, en lugar de ayudarles a evitar la situación o a sentirse seguros con nuestra presencia, lo mejor es acompañarlos en el proceso de exposición, animándolos a enfrentarse a las situaciones que les provocan temor extremo e intentando darles un nuevo sentido más positivo y realista.

Por ejemplo, ante la presencia de un perro podríamos comenzar por acercarnos nosotros (el sentido común tiene que ayudarte a elegir el perro adecuado) a tocar al perro mientras le decimos al niño palabras como «mira qué perro más bonito y simpático», «quiere jugar contigo», «le encanta que lo acaricies». Este acercamiento positivo puede realizarse a la vez que intentamos trabajar la parte racional del niño: explicarle que los animales a veces también pueden ponerse nerviosos y reaccionar de manera excesiva, de modo que lo mejor es acercarse a ellos poco a poco para que no nos vean como una amenaza, sino como amigos. Así le ayudaremos con herramientas tanto racionales como emocionales para tratar esas situaciones que le provocan ansiedad.

Tan importante como ayudarle a enfrentarse a sus miedos es saber atender los tuyos cuando estás en presencia de tu hijo. Aunque no lo parezca, si te quejas al teléfono por cuestiones de trabajo o por cualquier situación familiar, el niño se dará cuenta de cómo manejas el estrés, tus propios miedos o tu ansiedad. Por ello, lo mejor es que cuando esto ocurra seas consciente de que estás en presencia de tu hijo y cambies el chip de manera radical. Estos momentos pueden ser fantásticos para trabajar con tus propias herramientas para lidiar con el estrés o la ansiedad mientras muestras a tu hijo cómo haces uso de ellas y el buen resultado que tienen.

Demostrándole cómo eres capaz de recuperar el control con técnicas como la distracción, respiración o relajación, que veremos más adelante, harás que entienda que esas acciones tienen poder tanto en niños como adultos.

2.6. Es él o ella quien debe exponerse a sus miedos

Dado que los síntomas de la ansiedad son bastante desagradables, la reacción instintiva, la primera que aparece, es la evitación. Sin embargo, esta estrategia no hace más que mantener e incrementar el problema, como ya hemos visto.

Por ello es importante que ayudes a tu hijo a que, en vez de evitar, se exponga a estas sensaciones y situaciones. Aunque pueda sonar raro, al hacerlo verá que esa fuerte ansiedad que puede estar sintiendo tienes unos picos y momentos en los que sube para después bajar hasta desaparecer.

Para ayudarle a exponerse tanto a las situaciones como a las sensaciones y hacerle entender que realmente se trata solo de ansiedad, y que en realidad no va a ocurrirle nada, lo mejor es utilizar técnicas de exposición. Para desarrollar esas herramientas el primer paso es identificar los desencadenantes, las situaciones, elementos o estímulos que provocan su reacción ansiosa.

A partir de estos desencadenantes, puedes establecer con tu hijo un orden de miedos que provocan la reacción, y a partir de estos plantear una serie de desafíos de menor a mayor dificultad.

Estas exposiciones a los miedos deben ser tolerables e ir aumentando poco a poco conforme la ansiedad va disminuyendo. Lo más indicado, más cuanto mayor sea la ansiedad que puede sentir tu hijo, es consultarlo con un especialista.

En lugar de que tu hijo piense en términos absolutos, como por ejemplo «no puedo tocar un perro o montar en un avión», lo mejor es pedirle que encuentre y te hable de cuáles pueden ser sus niveles de dificultad. Por ejemplo, para un niño con miedo a los perros, podríamos preguntarle: *¿Cuánto temor te provoca tocar un perro desconocido? ¿Y acercarte a uno pequeño si está atado?* Si a la última pregunta responde que muy poco, pero a la primera te dice que muchísimo, podemos ir creando una jerarquía de situaciones a las que podrá después ir exponiéndose para tratar en ese orden sus miedos, de menos a más. De esta manera podríamos ir pasando al siguiente nivel cuando dejara de sentir ansiedad, y hacer lo mismo con cada tipo de situaciones.

El miedo, como cualquier otra emoción, supone una reacción que desaparece con el tiempo, y tanto adultos como niños consiguen dominar sus temores y ganar autocontrol a medida que van sintiendo que pueden enfrentarse a estos y que la ansiedad se reduce.

Siempre es misión de los padres reconocer cuándo el hijo quiere o necesita realizar estas exposiciones por sí solo, y es bueno recordar que esta necesidad de libertad y soledad está mucho más presente en los adolescentes que en los niños.

2.7. Las autoafirmaciones pueden cambiar negativo por positivo

Vivir con ansiedad es vivir alarmados. Esta alarma nos mantiene alerta ante los temores que la activaron, de modo que es totalmente normal reaccionar de manera impulsiva, automática y excesiva en todo lo que tiene que ver con esos miedos, más aún cuanto mayor sea la ansiedad y menos se haya trabajado en controlarla.

Por ello es imprescindible que aceptes que cuanto más ansioso se está, más pensamientos intrusivos —indeseados y automáticos— llegan a nuestra mente, y menos control se tiene sobre la razón, que intenta darles sentido. En el caso de los niños y adolescentes, la situación es aún más compleja, ya que la lógica se está desarrollando y aún no tiene demasiado poder.

Siendo así, es deber de los padres ayudar a los hijos y no intentar cambiar la forma en que la ansiedad funciona, sino más bien procurar modificar la manera en que ellos pueden reaccionar. Para orientar al niño en ello, lo mejor es animarle a reconocer estos pensamientos negativos o excesivamente temerosos, invitándole a que por ejemplo se exprese jugando, pintando o también hablando. Si lo acompañas en estas actividades se sentirá más seguro y comprendido, y juntos podréis intentar sustituir esas ideas negativas por otras más convenientes utilizando *autoafirmaciones positivas*, es decir, frases o ideas hechas que buscan poder sentir y apreciar eso que se desea.

Las autoafirmaciones positivas tienen la finalidad de motivar y mejorar el autoconcepto del niño, a la vez que el trabajo continuado influye directamente en esa parte racional distorsionada por causa de la reacción emocional tan potente que es la ansiedad. Para conseguirlo, guía al niño para que imagine escenas que le resulten agradables. También puede utilizar una caja donde ponga todas las preocupaciones que le molestan y así desaparezcan. Mientras trabajáis en ese cambio de mentalidad, buscad juntos las mejores frases, esas que se convertirán en sus autoafirmaciones.

Para ayudarle a crear sus mejores autoafirmaciones, ten en cuenta que deben cumplir estas características:

- No contienen negaciones, como por ejemplo «No voy a pensar así», «No voy a tener miedo».
- Es mejor hacerlas en presente: «Estoy aprendiendo a calmarme», «Solo es ansiedad» o «Respiro despacio y haciéndolo voy a volver a sentirme bien pronto».
- Se hacen en primera persona: «Yo puedo controlar esta situación».

Estas frases tienen mayor impacto cuanto más se usan, de manera que pueden convertirse en hábitos positivos a fuerza de utilizarlas. Puede ser una gran ayuda que escribáis juntos o tu hijo escriba estas frases en hojas o fichas, y las colguéis en lugares visibles como la nevera o la puerta de su cuarto. De esta manera se le hará más rápido y sencillo leerlas cuando las necesite.

Afirmaciones como estas podrían ayudarlo:

- Poco a poco estoy aprendiendo a calmarme.
- No va a pasarme nada, respiraré con calma y despacio y pronto me sentiré mejor.
- La ansiedad y sus síntomas son muy molestos, pero solo es mi cuerpo alarmado.
- En lugar de luchar contra el miedo lo intento entender y me tranquilizo.
- He pasado cientos de veces por esto y nunca me ha pasado nada.
- Puedo relajarme y tener el control de mis sentimientos.
- Hoy va a ser un día genial.
- Cada día estoy mejor.
- Aunque me siento nervioso, puedo volver a estar tranquilo si respiro lentamente.

Os aconsejo que elijáis juntos las autoafirmaciones que mejor hagan sentir a tu hijo y aprovechéis la oportunidad para mejorar ese equipo que sois y está creciendo con amor.

2.8. La meditación y la relajación le ayudarán a recuperar el control

Una excelente técnica para reducir el estrés negativo y la ansiedad, una que podéis utilizar y aprender juntos, sería meditar. Está demostrado que la meditación ayuda a ser más positivos, a relajar los niveles de estrés y miedo, y a mejorar nuestro estado de ánimo. Meditando no solo se pueden manejar mejor los problemas emocionales, sino que además se pueden cultivar y mejorar virtudes como la paciencia, la compasión o la disciplina. Por ello, si tu hijo sufre ansiedad, seguro que meditando su vida cambiará a mejor.

Teniendo esto en cuenta, sabiendo que tu hijo es una esponja y que no hay mejor manera de comunicar con los niños que jugando o comunicando a su nivel, *¿por qué no intentáis aprender a meditar juntos y sentís sus muchísimos beneficios?*

Ya sabes que toda emoción implica acción. Una realidad que nos induce a actuar, de manera que emocionados somos controlados por esta sensación y reaccionamos de manera automática, en ocasiones sin mucho control de la razón. Emocionados podemos dejarnos arrastrar por el amor, por la ansiedad o la desesperación, realizando actos de los que más tarde podremos arrepentirnos, es por eso fundamental saber equilibrar nuestras emociones.

Para conseguir mantener el equilibrio emocional, debemos ser conscientes de la situación y actuar dando a las emociones su justo valor, sin dejarnos arrastrar por ellas. Una necesidad que seguramente puede ayudarnos a actuar mejor en la vida, haciendo que no reaccionemos en automático movidos por la rabia, el estrés o el miedo, y también puede conseguirlo con tu hijo, más aún si sabes que está pasando por este complicado problema.

Existen muchas técnicas para meditar, todas ellas orientadas a gestionar mejor nuestra mente para reconocer nuestros pensamientos y emociones cuando los procesamos y familiarizarnos con ellos. El *mindfulness*, también llamado «atención plena», es uno de sus ejemplos más extendidos en la actualidad y seguramente el más indicado para tratar problemas relacionados con el estrés y la ansiedad. El *mindfulness* se basa en tomar consciencia plena de nuestras emociones con el fin de aceptarlas y eliminar así la frustración, el dolor o la angustia que pueden producirnos.

Cuando un niño sufre un trastorno ansioso, su alarma le hace mantenerse constantemente preocupado por lo que puede ocurrir en el futuro. Aparte de eso, hay que tener en cuenta que los niños y adolescentes cada vez se relacionan más con el mundo a través del móvil, las redes sociales y los videojuegos. Esta desconexión con el tiempo presente es uno de los principales motivos de ansiedad y estrés, por ello utilizar la meditación puede ser tan efectivo en esa vuelta al ahora, para dejar de vivir asustados por lo que vendrá y pararse en ese único espacio que realmente debe ser vivido.

Para conseguirlo, el *mindfulness* y otras técnicas de meditación nos invitan a focalizar nuestra atención en una actividad determinada, como respirar u observar un punto fijo, haciéndonos volver una y otra vez al presente, aumentando así los pensamientos agradables y disminuyendo los que provocan dolor emocional. Esta atención plena se basa en encontrar la felicidad en las pequeñas cosas del día a día, realizando pausas en las que podemos hacer meditaciones guiadas, recordar momentos felices, desear felicidad o ejercitar la concentración mientras se come o respira, una práctica que no solo ayuda a regular emociones como la ansiedad, sino también otras como la ira, la tristeza o angustia desmedidas.

Si ayudas a tu hijo a poner en práctica este recurso y a saber utilizarlo cuando lo necesite, sin duda te lo agradecerá de por vida. Aquí te dejo algunos ejercicios que podéis poner ya en práctica juntos:

- **Tomar una pausa y respirar en el presente.** Pronto entenderás la importancia de la respiración en la ansiedad, por ello utilizar este ejercicio puede ser la mejor solución. Podéis practicarlo en cualquier momento, y lo mejor es que los niños aprendan a usarlo en sus momentos de estrés o de ansiedad. Para realizarlo se debe respirar lenta y conscientemente, reconociendo el presente. Se pueden utilizar meditaciones guiadas que ayuden a ello; la idea es poder contar las respiraciones dividiéndolas entre inspiraciones y espiraciones notando las diferencias entre ambas, sintiendo cómo el aire entra en el cuerpo, se distribuye por los pulmones y luego sale.

- **Caminar en el ahora.** Conectar con el presente es conectar con la vida, y este ejercicio supone hacerlo mientras caminamos. La mejor manera puede ser hacerlo en un parque, en la playa o en un bosque, a poder ser descalzos para que las sensaciones sean más fáciles de apreciar. El ejercicio consiste en andar y tener en cuenta todo el proceso, sintiendo todas las partes del cuerpo y apreciando cómo se tensa cada músculo para poder movernos y cómo distribuimos el peso para mantener el equilibrio.

- **Comer en el presente.** La hora de comer es ideal para desconectar y meterse de lleno en el presente. Este ejercicio consiste en concentrar la atención en cada detalle mientras se come, consiguiendo apreciar todo lo que nos perdemos por darle a la cabeza en lugar de atender lo que está ocurriendo. Para conseguirlo, podéis estar atentos a los colores, a la forma y textura de los alimentos, al peso de cada bocado, a cuántas veces lo masticamos o qué sabores se aprecian durante todo el proceso. Comer conscientemente traerá a tu hijo de regreso, lejos de las preocupaciones o temores que podía sentir.

Como has visto existen muchísimos ejercicios que pueden ayudar a ser —y que tus hijos sean— más conscientes del ahora, ejercicios que ayudan directamente a enfocar nuestra mente en lo importante y dejar de lado temores. Meditar, hacer deporte, pintar o cantar también son ejercicios *mindfulness* que nos hacen disfrutar en lugar de vivir en nuestra mente, por ello ayuda a tu hijo a descubrir cualquier actividad que lo conecte con el presente y seguro que pronto muchas de sus preocupaciones van desapareciendo.

2.9. Enséñale a desarrollar técnicas de respiración

En mi primera experiencia con la ansiedad, mientras comprendía cómo funcionaba y realizaba ejercicios para intentar calmarla, me di cuenta de que la acción más efectiva para salir del círculo vicioso del miedo era calmar sus síntomas, y para conseguirlo, respirar lentamente parecía ser la mejor solución.

Mi carácter ansioso volvería de vez en cuando y sería entonces, en el momento en que sus síntomas llegaban a mí, cuando me daría cuenta de que una de las acciones más directas para reducir sus sensaciones era esta. No me limitaría entonces solo a recuperar este buen hábito de respirar lentamente, sino que iría más lejos, investigando y comprendiendo sus beneficios, descubriría así el tipo de respiración más efectivo para tratar los problemas derivados del estrés, una respiración conocida como *la respiración diafragmática.*

La ciencia es muy clara y explica perfectamente por qué esta técnica de respiración es tan efectiva ante la ansiedad.

El cuerpo humano cuenta con un mecanismo perfecto para recibir información a través de los sentidos, después procesarla y generar la mejor respuesta modificando algunas de nuestras funciones. A nivel orgánico el responsable de todo este mecanismo es el *sistema nervioso.*

Este *sistema nervioso* se divide en dos: una parte que controla las funciones voluntarias, llamada *sistema nervioso somático*, y otra que gestiona las respuestas involuntarias (esas que necesitan de una respuesta automática y adaptativa, y que no podemos controlar racionalmente), conocida como *sistema nervioso autónomo*.

Este último se divide también en otros dos sistemas, uno que sirve para responder y actuar ante situaciones de estrés y prepara al cuerpo para la acción generando hormonas como la adrenalina, el *sistema nervioso simpático*; y otro conocido como *parasimpático*, que es el que nos devuelve a un estado opuesto al anterior, a un estado de calma y relajación.

He pensado en explicarte todo esto porque estos dos subsistemas no pueden actuar simultáneamente. Por ello, no hay nada mejor para gestionar el estrés, la ansiedad o cualquier problema emocional que activar esta respuesta de relajación, porque *si se pone en marcha el sistema parasimpático, es imposible sentir estrés o ansiedad.* Una especie de botón que nos devuelve a la calma, un botón que ahora vas a conocer cómo activar, o hacerlo activar a tu hijo, de una manera sencilla.

Simplificándolo, podríamos decir que el *sistema nervioso simpático* es el responsable de preparar a nuestro cuerpo para la lucha o la huida, con lo cual activa la ansiedad. Pero como acabamos de ver, por fortuna esta reacción puede apagarse si se activa el sistema opuesto, el *sistema nervioso parasimpático*, el mecanismo que devuelve a nuestro cuerpo a un estado de calma.

De esta manera, si activamos nuestro «modo relajación»,

algo que puede hacerse conscientemente con ejercicios como la respiración diafragmática, la meditación o el deporte, apagaremos ese otro botón del pánico que nos mantiene ansiosos y podremos recuperar nuestro equilibrio.

El recurso más eficiente para activar ese botón de la calma se conoce como *respiración diafragmática*, una técnica que puedes empezar a practicar ahora mismo con tu hijo. Para ello sigue estos pasos:

1. Apoya una mano en el pecho y otra sobre el vientre, y haz que tu hijo te imite. En esta posición, intentad respirar desde el estómago. Comprobad con las manos que lleváis el aire allí, sin mover el pecho.
2. Al inspirar, llevad el aire desde la nariz hacia esa zona mientras el vientre se hincha.
3. Contened el aliento en esa posición durante uno o dos segundos.
4. Soltad el aire por la boca lentamente, hundiendo un poco la barriga sin mover el pecho.

Y para que este tipo de respiración sea más efectiva y consiga relajaros, no hay mejor manera que hacerlo lentamente, por ello:

- Tomad aire desde el abdomen lentamente contando de uno a cuatro.
- Retenedlo durante 2 segundos.
- Soltadlo lentamente durante 6 segundos.

Lo recomendable es que ayudes a tu hijo a hacer respiraciones profundas de esta manera a diario, cada uno con sus tiempos, respirando por la nariz y soltando el aire por la boca. Tan recomendable como aprender a realizar estas técnicas es hacerle practicar para que sea él quien use este tipo de respiración cuando más pueda necesitarlo, recordándole que de esta manera tan sencilla podrá activar cuando lo necesite su modo relajación.

2.10. El juego: su mejor herramienta de aprendizaje

Jugar es fundamental en el desarrollo de los niños y una de las herramientas más importantes en su aprendizaje, ya que lo estimula a la vez que enriquece su experiencia y conocimiento. Jugando el niño puede aprender cualquier cosa, por eso también es el mejor canal para enseñarle a desarrollar herramientas.

Teniendo esto en cuenta, si tu hijo sufre ansiedad, una de las maneras más directas de ayudarle a recuperar la calma y revertir la situación es jugar juntos, y hacerlo con el objetivo de rebajar la ansiedad y sus síntomas. Esta será la manera más rápida y sencilla de obtener buenos resultados.

Para conseguirlo debes reconocer su etapa vital, sus gustos, comunicarte a su nivel y hacerlo desde el cariño. Jugando te estarás ganando la confianza y el amor de tus hijos, por eso empieza ya si puedes y vuelve a sentir ese niño interior que vive en ti. Es fundamental que participes ya que, de no hacerlo así, el niño tomará estos juegos más como un deber que como algo divertido.

Por lo general, la mejor hora para jugar con ellos es antes de que vayan a dormir, ya que les ayuda a conciliar el sueño y los asocian a la tranquilidad. Estos son algunos de los mejores juegos antiansiedad:

- **Jugar con plastilina.** Perfecto para niños con mucho estrés, ya que les ayuda a distender las manos cuando la amasan y estrujan. Una forma positiva de canalizar su tensión acumulada.
- **Colorear o dibujar.** Ayuda a que los niños se expresen y liberen del estrés y las preocupaciones, ya que se centran en el presente y dan rienda suelta a su imaginación. Cuando los pequeños colorean antes de dormir, aprenden a relajarse y a mejorar su concentración y creatividad, una manera perfecta de expresar sus emociones y pensamientos a través del color, la imagen y sus formas.
- **Leer cuentos,** y mejor si tratan temas como los valores, la amistad, los miedos, el amor o la familia. Leer cuentos infantiles antes de ir a dormir tiene muchas ventajas, ya que además de fomentar la lectura y la creatividad, les ayuda a crear rutinas relajantes. Cuando leas cuentos, podrás compartir muy buenos momentos, aprender sobre valores y daros cariño, y también estarás transmitiendo calma y conexión a tu hijo. Puede ser muy útil leer cuentos en los que se hable del miedo de manera positiva; eso le ayudará a entender cómo se expone el personaje de una manera eficaz a sus propios temores.

- **Jugar a hacer sombras chinas o figuras con las manos.** Para realizar este juego solo necesitáis vuestras manos, una pared despejada y una luz. El resto del juego supone formar figuras con las manos y proyectar la sombra en la pared con la ayuda de una luz. Este juego requiere poca luz y los niños se divierten formando animalitos e inventado historias sobre ellos. Una manera muy útil para ayudar a enfrentarse a miedos como el de la oscuridad puede ser realizar este juego antes de dormir, una excelente técnica para darle a entender que no todo lo que tiene que ver con ella es malo y para que se familiarice con la ausencia de luz.

Como ves, existen muchos **juegos para calmar la ansiedad de los niños.** No es necesario que duren mucho tiempo, pero sí es recomendable que se dedique un espacio y un horario para practicarlo al menos una vez al día. Estos juegos están pensados para ayudarlos a canalizar su energía y emociones, de modo que puedan concentrarse y descansar mejor, eliminando de esta forma el estrés negativo.

2.11. Hacer deporte es el mejor remedio

Todos los estudios revelan que la práctica de **ejercicio físico** tiene efectos beneficiosos sobre la ansiedad y el estado de ánimo. Estos beneficios pueden obtenerse realizando un ejercicio puntual, pero aún más si se practica a diario. También se ha demostrado que existe una relación directa entre el deporte y la depresión, certificando que la práctica regular de ejercicio tiene efectos antidepresivos, lo cual convierte al deporte en el antidepresivo más importante y menos costoso que podemos encontrar en la naturaleza.

La ciencia lo deja bien claro: si necesitas que tu hijo gane en alegría, no hay nada mejor que enseñarle a correr hacia ella. Por ello, quiero animarte a que ayudes a tu hijo a trabajar en ello y a descubrir cuál puede ser el ejercicio que mejor se adapte a él.

Te contaré alguno de los beneficios que el deporte trajo a mi vida:

- El ejercicio provoca un efecto directo en el estado de ánimo. Inmediatamente te sientes mejor al advertir que los síntomas de la ansiedad o la tristeza se reducen.
- Te ayuda a controlar la mente y a ordenar los pensamientos.
- Te permite equilibrar y gestionar mejor las emociones, transpirando esa rabia, tristeza o ansiedad por los poros de tu piel.
- Te llena de energía haciéndote sentir capaz de realizar tareas que antes considerabas imposibles. Eso te hace aprender a ser más tenaz en la vida y a ganar en voluntad.
- Duermes mejor y te limpia por dentro y por fuera, tu circulación mejora y también lo hacen tus sueños.
- Te ayuda a bajar de peso acercándote a tu peso ideal y mejora muchos aspectos de tu imagen, como la calidad de tu piel. Eso nos ayuda a gustarnos más y ganar en autoestima.

- La relación entre sacrificio y beneficio contribuye a que cada uno de nosotros comprenda lo importante que es hacerse responsable de su propia felicidad.

Soy de la idea de que nuestra vida no va a cambiar si no lo hacemos primero nosotros. Ante la ansiedad, hay dos opciones: no hacer nada y seguir viviendo condicionado, o buscar unas buenas zapatillas y ponerse a correr para hacer que pase la tormenta y se pueda volver a disfrutar del sol lo antes posible. ¡Tú decides! En el caso de tu hijo, tanto si tiene este problema ahora como si quieres ayudarlo a desarrollar alguno de los beneficios que estás conociendo, te animo a no esperar a mañana: invítale a buscar cuál puede ser su mejor deporte.

Otro de los beneficios del deporte es que puede ayudar a que tu hijo se integre en una comunidad donde se practiquen valores y disciplina. Eso le ayudará a alejarse de aspectos peligrosos como la vida sedentaria, los videojuegos, el uso excesivo de tecnología o problemas peores, como el uso de drogas.

Estos dos sencillos consejos pueden ayudar a tu hijo a ponerse manos a la obra lo antes posible:

- **Ayúdalo a elegir su mejor deporte.** Si tiene ansiedad puedes animarlo diciéndolo que se convertirá en su «deporte antiansiedad». Para ello no hay nada mejor que trabajar ese autoconocimiento y acompañarlo comprendiendo cuáles pueden ser sus puntos fuertes y orientándolo en este aspecto desde tu visión de adulto.

- **Lo mejor es que practique varias veces por semana.** Puede costar al inicio, pero pronto podrá notar sus beneficios. Tanto tu hijo como tú deberíais comprender que los problemas no van a alejarse si no se trabaja en uno mismo. Por ello, realizar ejercicio un mínimo de tres veces por semana le ayudará a sentirse mucho mejor. Estará más calmado, consciente y motivado para la vida. Como padre, tu mejor ayuda será motivarlo a mantenerse fuerte y consciente del gran trabajo que está haciendo para mejorar su presente.

2.12. Edúcalo para que elija evitar las drogas

Del mismo modo que estamos descubriendo las mejores herramientas para ayudar a los niños a disfrutar mejor de la vida y evitar problemas como la ansiedad, también debemos animarles a eliminar de sus vidas todo aquello que les provoca y provocará malestar tanto físico como mental.

Entre estos elementos, uno de los que más negativamente pueden influir en su vida es la droga. El consumo de este tipo de sustancias seguramente es uno de los mayores temores de cualquier padre. Sé que no será sencillo asegurar que tu hijo no cometa este tipo de errores a lo largo de su vida, pero voy a intentar ayudarte a educarlo de la mejor manera con algunos consejos.

El hacer uso de drogas tiene una parte de rebeldía. Es un intento de sobrepasar la línea, ir en contra de las normas e incluso entender lo que se puede llegar a sentir. Por eso, si en lugar de ser un padre o madre autoritarios y exigentes, intentas ser mejor amigo y mejoras la comunicación con tu hijo, conseguirás hacerle comprender también que hay maneras más sanas de demostrar su personalidad.

Otra cosa que considero fundamental es explicarles desde pequeños qué efectos tienen las drogas en las personas, algo que voy a intentar resumirte para que puedas, ya mismo, explicárselo a tus hijos.

El cuerpo humano es pura química. Una compleja serie de hormonas circula en nuestro interior y nos hace ser como somos y actuar como lo hacemos. Como hemos visto, cuando las hormonas del estrés se activan, el cuerpo se prepara para la lucha y recurre al cerebro instintivo al sentir que está en juego su vida. Sin embargo, ahora ya sabes que en ocasiones esta alarma falla y no es realista, con lo cual desencadena problemas como el trastorno de ansiedad.

Las drogas son pura química también, una mezcla desconocida de sustancias. Un mix en el que el consumidor cuenta bien poco, ya que tiene un impacto en nuestra química orgánica cuyo resultado siempre desconocemos. Aparte de poder provocarnos daños irreparables, las drogas tienen el poder de hacernos adictos de por vida, aumentando en gran medida la probabilidad de que acabe produciéndose un daño irreversible.

Creo que esta es la idea que se debería explicar siempre a los hijos: el hecho de que jugar con las drogas es lo mismo que introducir en nuestro cuerpo una bomba de relojería que un día puede estallar. La explosión seguramente tendría efectos devastadores, con resultados como dependencia física, cáncer, problemas cardiacos, fallos renales, hepáticos o de cualquier otro órgano del cuerpo, o la probable activación de trastornos mentales graves como depresión o esquizofrenia, y en última instancia una sobredosis, un ataque cardiaco, la muerte o la locura. A todo esto nos exponemos cuando hacemos uso de las drogas.

Con una buena educación puedes ayudar a tus hijos a entender que existe la química buena, esa con que podemos inyectar a nuestro cuerpo con motivación, alegría y energía, una química que se obtiene a través de acciones como el deporte, la meditación, el autoconocimiento o el poder de la autoestima; y otra química no solo mala, sino también potencialmente mortal, que proviene de las drogas, una realidad de la que la gente hace uso más por desconocimiento que por conocimiento.

Respecto a la ansiedad y el desarrollo de trastornos mentales, la ciencia ha demostrado que, aunque la genética puede predisponer a determinadas enfermedades, son los factores ambientales los que determinan si finalmente la sufriremos. Esto quiere decir que nuestro estilo de vida decide finalmente la manera en que se manifiesten nuestros genes; y entre todos los motivos, las drogas, tanto a corto como a largo plazo, son uno de los ingredientes más directos y fatales en el desarrollo de las enfermedades mentales.

Dado que su uso se halla tras un gran número de peligrosas patologías como la esquizofrenia (se estima que uno de cada tres esquizofrénicos hace o ha hecho uso de drogas), la bipolaridad o el trastorno depresivo, deberíamos educarnos y educar a los hijos en que el hipotético beneficio jamás compensará el daño cierto que pueden causar.

Educándolos de esta forma podrás hacerles entender desde pequeños el peligro al que se expondrían si hicieran uso de las drogas, un consejo que unido a una buena comunicación nos asegura que, si en algún momento tus hijos se acercasen a este peligroso ámbito, es fácil que tuviesen la intención de hablarlo contigo y buscar tu apoyo para enfrentar este tipo de situaciones.

Otro aspecto importante respecto al uso de sustancias es el consumo exagerado de cafeína y su relación directa con la ansiedad. Se sabe que la cafeína es la droga más consumida en los países desarrollados, una sustancia que también consumen los niños en forma de refrescos como la Coca-Cola, sus derivados, o bebidas energéticas. Por otra parte, también es una de las sustancias con efecto más directo sobre la ansiedad.

En caso de que tu hijo consuma este tipo de bebidas y sufra este trastorno, es fundamental que evite hacerlo. Si le cuesta entenderlo, puedes animarlo a hacer la prueba por sí mismo.

En mi pasado, reconocí fácilmente esta relación tomando conscientemente dos cafés, tras lo cual sentí que los síntomas y la ansiedad se disparaban. Por ello, ayúdale a entender que si quiere dejar de sentir esos insufribles síntomas, ha llegado el momento de decir adiós a todo lo que tenga que ver con la cafeína.

2.13. Dos grandes enemigos: la vida sedentaria y las drogas tecnológicas

Otro de los aspectos más directos en la aparición de problemas emocionales tiene que ver con el estilo de vida. Por lo general la aparición de la ansiedad guarda una relación directa con un estilo de vida sedentario.

En buena medida, esta vida sedentaria está ligada al consumo de alimentos ricos en grasas, sales o azúcares, bollería industrial, bebidas carbonatadas o productos artificiales.

En lo que respecta a la alimentación, tan importante como lo que se come es cómo se hace, ya que el estrés y la ansiedad pueden agravarse por ello. No comer demasiado rápido, masticar bien, no comer en exceso; son hábitos que ayudan a cultivar virtudes como la paciencia, a favorecer una mejor digestión y a conservar más energía para disfrutar con alegría cada nuevo día.

En este aspecto todo son buenas noticias para los padres, ya que la alimentación y el estilo de vida en la infancia dependen en su mayor parte ellos. Ten en cuenta que tu trabajo en este sentido resultará más fácil cuanto antes empieces a acostumbrar a tus hijos a comer bien y mantener un estilo de vida saludable en el que deben existir las normas y la disciplina.

Las normas y la disciplina son excelentes aliadas cuando sabemos utilizarlas en favor de nuestro beneficio y bienestar, pero hay que saber usarlas y educar en ello. Controlarlo todo y en todo momento, exigir demasiado y dar poco a cambio, buscar el perfeccionismo constante o ser demasiado rígidos no sirve de nada y suele ser contraproducente. Por eso, en cuanto al desarrollo de virtudes tanto personales como familiares, no hay mejor vara de medir que el sentido común.

No obstante, actualmente buena parte de la sociedad no dispone de tiempo para la educación de los hijos, al menos no todo el tiempo que esa labor exige. Y, por otra parte, muchos de nosotros no recibimos ninguna educación emocional.

Esta falta de tiempo y de recursos personales hacen normal que hoy en día se tienda a sustituir esa escasez emocional con regalos o protección excesiva, dejando a un lado el sentido de equilibrio. Se dan regalos en lugar de cariño y tiempo, o peor aún, se expone a los hijos al uso de herramientas peligrosas como el móvil, los videojuegos o la tele, sin ningún cuidado ni control.

La sobreprotección no hace otra cosa que reducir la autoestima de los niños, ya que en lugar de sentirse autosuficientes y seguros por sí mismos, buscarán que sean sus mayores los que los protejan y ayuden a vencer las dificultades. Sin embargo, por lo general este discurso cambia cuando llegan a la adolescencia y pasan a experimentar muchísima ansiedad, ya que no solo se hallan sin recursos para enfrentarse a la etapa adulta, sino que ven como sus padres los consideran autosuficientes, cuando de niños poca o ninguna atención les pudieron prestar.

La sobreprotección les hará sentirse incapaces de resolver sus problemas, y también les dificultará tolerar frustraciones, posponer las cosas, saber valorar lo que tienen o ganar en disciplina. Por ello es fundamental educar desde niños con cabeza y corazón: una cabeza que nos permita entender qué puede ser bueno para su desarrollo y qué cosas hay que evitar, y un corazón para sentir qué es realmente lo que merece y necesita, y cuál es la manera en que le podemos apoyar.

Una manera efectiva y directa de ejercer y hacer uso de este sentido común puede ser crear unas *normas de la casa*, reglas que deberían tener en cuenta aspectos importantes como:

- **Cuidar las horas de sueño.** Muchos estudios recomiendan dormir entre 7 y 9 horas al día, y para conseguirlo es recomendable acostarse antes de medianoche y mantener una disciplina y un horario. Los padres sois el ejemplo, de modo que debéis respetar esas reglas si queréis que vuestros hijos también lo hagan. Por tanto, si habéis decidido que hay unas horas para descansar, deberéis dar ejemplo; esa será la manera más sencilla de que los hijos hagan lo mismo.
- **Evitar el uso de dispositivos electrónicos antes de acostarse.** Usarlos dificulta la calidad del sueño, ya que las pantallas emiten una luz que activa una serie de células que hacen creer a nuestro cerebro que nos encontramos en las horas del día. Al percibirlo, el cerebro inhibe la hormona del sueño, la melatonina, y altera el ritmo circadiano. Dado que esto puede provocar insomnio, es fundamental no usar estos dispositivos antes de dormir.
- **Tener un control sobre el tiempo de uso de los dis-**

positivos. Controlar las horas de uso de herramientas como el móvil, el portátil, la videoconsola o la televisión puede ayudar en gran medida a utilizarlos de una manera más sana.

- **Controlar lo que los hijos hacen y ven.** La edad del niño es un aspecto fundamental que tener en cuenta, un dato que debe indicarnos que un niño pequeño jamás debería ver películas de terror, imágenes agresivas o que puedan afectar a su sensibilidad, así como no hacer uso de móvil, videojuegos o internet. Es alucinante escuchar que hoy en día algunos niños se pasan horas jugando a videojuegos violentos, o ven series que perturbarían las emociones de muchos adultos, una locura que puede traerles muchos problemas en el futuro y de la que deberían responsabilizarse sus padres. Puede parecer difícil medir el uso que se hace de estas herramientas, pero debería ser sencillo. Por ello, si notas que tu hijo juega demasiado o hace demasiado uso de redes sociales, eso no es bueno y deberías evitarlo implantando normas. Si consideras que el uso de estas herramientas puede estar detrás de problemas mayores en tus hijos, ha llegado el momento de comunicarte con ellos y revisar las normas.

- **Normas a la vista de todos.** Una buenísima manera de conseguirlo sería apuntarlas en un papel y dejarlas a la vista de todos, como en la puerta de casa o en el frigorífico. Esta puede ser la mejor manera de comprender y recordar las reglas que nos ayudarán a mantener una vida familiar mucho mejor. Sin embargo, más que reglas deberían entenderse como acciones que ayuden a que tanto padres como hijos vivan de una manera más sana y feliz.

2.14. Trabaja el amor, el antídoto del miedo

La experiencia es la mejor maestra, y justamente la experiencia me ha demostrado que el mejor modo de superar el dolor es trabajar para atraer todo aquello que nos haga sentir vivos. La ciencia confirma esta idea de un modo más práctico demostrando que todas las necesidades para superar el dolor son paliadas por las hormonas del amor. Un amor y una química que se pueden obtener y mantener fácilmente en nuestra vida si nos lo proponemos, un amor que podemos dar a los hijos enseñándoles también a saber obtenerlo de la vida.

La mejor manera de sentir el amor es empezar por obtenerlo a través de uno mismo, por ello es importantísimo conocerse, darse más tiempo y espacio, más cariño y conocimientos para atraer lo que realmente nos hace felices, sin dejarnos llevar por necesidades que nada tienen que ver con uno mismo. Por ello, es un aspecto que hay que tener muy en cuenta para que como padre no intentes dirigir a tu hijo desde tu propia perspectiva e ilusiones, sino desde la suya, y le ayudes a conocerse y trabajar este amor propio.

Aquí te dejo algunos consejos que pueden ayudaros a encontrar y disfrutar de más amor.

- **Recuerda a ese niño que siempre ha vivido en ti.** Quítales el polvo a esos viejos álbumes de fotos y disfruta de los recuerdos felices que has vivido. Hacerlo no solo te sacará una sonrisa, sino que te demostrará también que fuiste feliz y que puedes volver a serlo. Obsérvate e intenta recordar quién eras, cómo te sentías y cuáles eran tus sueños. Reconocerás que tu misión era disfrutar de tu vida y que casi siempre lo conseguías sin esfuerzo.

- Ahora que has reconocido a tu niño interior, **conviértelo en el mejor amigo de tu hijo.** Sé que es y será difícil, pero para favorecer la mejor comunicación con él, intenta volver al niño que un día fuiste a la edad de tu hijo. Escúchale de igual a igual para saber orientarlo desde el amor y con el conocimiento de un adulto. Escúchale para comunicarte mejor con él y que pueda así reconocer en ti a ese niño que también fuiste, ese que puede convertirse en uno de sus mejores amigos. Durante este libro hemos hecho hincapié en la importancia de conectar con tu hijo teniendo en cuenta la etapa en que se encuentra. Ten presente que cuanto mejor lo hagas, más amor estarás transmitiendo y mejor amor podrás sentir.

- **Regalaos experiencias en lugar de cosas.** Dos de los principales causantes de la depresión y la ansiedad son el estrés laboral o escolar y la falta de tiempo. Combatidlo juntos disfrutando de momentos para relajaros y conectar, para poner en orden ideas, solucionar problemas, apuntar progresos o conoceros mejor.

- **Abrázalo más y mejor.** Las hormonas del amor se activan a través del contacto físico, de modo que los abrazos y los besos son las dos mejores acciones para generarlas. Por ello, besa y abraza cuanto puedas a tu hijo durante los próximos días, intenta convertir esta acción en hábito y consigue hacerlo siempre que se presente la oportunidad. El amor se da, se recibe y se devuelve, un ciclo que puede ser eterno. El amor ayudará a que tu hijo se ame, ya que cuanto más lo quieras, más seguro y confiado se sentirá también de sí mismo.
- **Disfrutad del amor que hay en la vida y edúcalo para que sepa dónde y cómo encontrarlo.** Probad a interactuar mejor con el mundo y siente cómo fluye esta emoción de felicidad. Ayúdale a notar esa fuerza que corre por vuestras venas cuando vivís el presente y acompáñalo para que descubra todas esas acciones que mantienen ese amor por la vida. Dibujar, pasear por la naturaleza, observar con ilusión una nueva aventura, realizar prácticas de *mindfulness*, hacer deporte, ir al teatro o descubrir su mayor pasión, disfrutar de una comida, una mascota, un amigo o un helado. Acompaña a tu hijo no solo a que viva, sino sobre todo a que sea más consciente de lo precioso que es saborear la vida.

Es fácil aconsejar y mucho más complicado poner las recomendaciones en práctica. Por ello, para ayudarte a que te sea más fácil, aparte de recordarte que esos años mágicos, los de la niñez de tus hijos, seguramente sean los mejores de vuestras vidas, me gustaría que recordases tu propia infancia y la vida y experiencias junto a tus padres.

Aunque sea una afirmación arriesgada, estoy seguro de que si hay un recuerdo o experiencia que te quedó grabado de tu infancia junto a tus padres, fueron esos momentos de amor. Un amor que podía tomar muchas formas: abrazos, besos, sonrisas o un «te quiero» que te hacían sentir orgulloso u orgullosa, único, feliz y capaz de cualquier cosa.

Esta realidad debería recordarte en todo momento que un abrazo, un beso o un «te quiero» siempre tendrán mucho más poder que miles de palabras o explicaciones. El amor os va a unir más que ninguna otra cosa. Son las muestras de cariño las que estrecharán vuestro vínculo y las que harán que tu hijo confíe en ti y que tú entiendas que él es lo más importante de tu vida.

No te costará reconocer que el amor te une al mundo y a la vida, y hace que te sientas único, importante, capaz de todo. Ninguna otra gran lección o explicación da esta seguridad.

Basta con una muestra de amor, una acción que desencadena una cantidad de química y emociones que bastan por si solas para combatir cualquier problema, para hacernos reconocer el poder y valor que guardamos en nuestro interior. Por eso, en cuanto tengas la ocasión, quiere más y mejor. Da más besos y abrazos. Haz entender a tu hijo lo importante que es para ti y para vuestro mundo.

Puedes estar seguro de que ese amor lo estará llenando por dentro. Le hará valiente y le ayudará a confiar en ti siempre que lo necesite. Ese amor está creando una relación fantástica entre vosotros, el mejor equipo para conseguir mucha felicidad a lo largo de vuestras vidas.

3

Convivir con la ansiedad

La mejor manera de convivir con la ansiedad
hasta superarla es convertirla en tu amiga.

GIO ZARARRI

La experiencia me ha demostrado que la última etapa para superar este complicado problema vital supone aprender a tolerar el malestar, convivir con el trastorno aceptando que el progreso no es algo lineal que desaparece de un día para otro, sino más bien un proceso con muchos altibajos, una experiencia en la que nuestra manera de convivir con el problema se convierte en la clave para superarlo.

Así, para terminar venciendo a la ansiedad, es indispensable aprender a convivir con ella de una manera más saludable y positiva. Este cambio de perspectiva contribuye a eliminar el motivo que activó este mecanismo de alerta y, una vez que lo consigues, comprendes que cuanta menos importancia demos a la ansiedad y sus síntomas, antes dejará de molestarnos.

Por ello no existe mejor remedio que convertir a este supuesto enemigo en aliado, dejar de ver a la ansiedad como un adversario para pasar a considerarla una amiga. Se trata de un trabajo que deberá hacer tu hijo para recuperar el control de su vida. Transformando a la ansiedad en amiga podrá conocer todos esos cambios y necesidades que debe realizar.

Sé que conseguirlo requiere tiempo y esfuerzo, sería inútil creer lo contrario. Todo esto es algo que debes tener en cuenta, ya que en la mente y el cuerpo de tu hijo, en constante desarrollo, esta dificultad es aún mayor. Por ello tu comunicación, tu apoyo y amor son indispensables en este proceso de cambio de perspectiva.

La vida nos demuestra que la mejor medicina para superar cualquier problema reside siempre dentro de uno mismo. Por ello, sacar a flote esta fuerza es indispensable tanto para confiar en uno mismo como para seguir trabajando en ese cambio necesario, sin desanimarse.

Este poder que está desarrollando es el más importante para su vida. Un increíble poder que podemos resumir en la palabra **autoestima,** una autoconfianza que no es otra cosa que la idea acerca de uno mismo y las capacidades con las que cuenta para hacer frente a la vida.

Ayúdale a comprender esta gran verdad, a reconocer que él tiene la capacidad de cambiar las cosas, de aprender a calmarse, de conocerse y también de actuar mejor. Tu hijo está aprendiendo a hacerse responsable de su vida, a reconocer el impacto directo de los hábitos y acciones de su presente en su estado físico y mental. Todo ello le ayudará a mejorar su autoestima.

En la etapa final junto a este trastorno le tocará soportar el dolor de los síntomas y la frustración de comprender que el problema sigue ahí; tendrá que descubrir que por mucho que trabaje existirán días en que todo parece empeorar. A diario podrá elegir entre desanimarse o animarse, y seguramente conviviendo con una realidad como esta, desanimarse resulta más sencillo que lo contrario. Pero tu hijo debería darse cuenta de su gran poder, su valentía y constancia. Lleva tiempo trabajando en esto, tiempo poniendo de su parte y desarrollando herramientas que le ayudan a tener mayor conocimiento de sí mismo, del modo en que funcionan su cuerpo y mente, y de cómo controlar y dominar sus emociones y reacciones.

Así verá que, aunque es cierto que muchas veces los momentos malos parecen sobrepasar a los buenos, también se puede observar lo contrario. Al reconocer su poder y valentía, su autoestima y amor, será capaz de sobreponerse ante cualquier dificultad, de sonreír aunque llore por dentro, de esforzarse por amar la vida y sentirse amado también por ella.

Tu tarea como padre será darle cariño cuando lo necesite. Respetar su trabajo, valorar su cambio, su esfuerzo, su poder, y ayudarle a reconocer todo esto.

Recuérdale siempre que, si queremos y *nos queremos*, podemos transformar cualquier problema en la mejor oportunidad para transformar nuestra vida. Una oportunidad como esta que juntos estáis viviendo, la de crecer como familia, como hijo y padre, como amigos y personas. El mejor momento para formar equipo y dar sentido a vuestras vidas. Un padre que quiere ver y sentir cómo su hijo goza de todo aquello que él también quiso disfrutar y muchas veces no supo o no pudo. Un hijo que está desarrollando una autoestima de oro que le permitirá apreciar el verdadero valor de estar vivos, un valor y un poder que le hará sobreponerse no solo a la ansiedad que sufre en este momento, sino a cualquier futuro problema que la vida pueda poner ante él.

Si lo hacéis bien, y estoy seguro que así será, podrás convertirte en ese padre que siempre deseaste tener, y tu hijo conseguirá disfrutar también de su mejor versión de sí mismo. Esta evolución como padre y como hijo os mantendrá fuertes en cualquier circunstancia para saber saborear los mejores momentos y dar la vuelta a aquellos que no son tan buenos.

Trabajando en este cambio ahora tan necesario podréis observar la evolución y aceptar este trastorno y sus síntomas de una manera mucho más sana, entendiendo que, gracias a esta inesperada y nueva etapa de reflexión, estáis consiguiendo mejorar muchos aspectos de vuestras vidas.

Alégrate, porque puedo asegurarte que cualquiera que haya superado este trastorno lo ha conseguido gracias a esta gran verdad, una verdad que deberíais reconocer juntos, una lección que demuestra que *la ansiedad llega a vuestra vida buscando un cambio, el vuestro...*

3.1. Convertir a la ansiedad en amiga

El último y definitivo paso para superar la ansiedad es aprender a convivir con ella. Por tanto este debe ser tu objetivo final, ayudar a que tu hijo convierta a la ansiedad en su amiga, una compañera que le ayude a reconocer todo lo bueno que trae a su vida el hecho de estar pasando por esto.

Tanto a ti como a tu hijo puede sonaros a broma, ya que es normal pensar: «¿Cómo va a ser bueno sufrir este dolor o preocupación? ¿Qué puede tener de positivo tener esa taquicardia constante o esos pensamientos negativos y catastróficos ante situaciones que no deberían hacernos sentir así?».

Es normal que la primera y lógica reacción sea pensar en las limitaciones y cambios negativos que este problema conlleva. Pero voy a ayudarte a ir un poco más allá y descubrir —y que tu hijo descubra— la otra cara de la moneda.

Piensa ahora en todo cuanto has podido aprender como padre y tu hijo como persona, y ayúdale a hacerse preguntas como estas:

- *¿No estás aprendiendo a calmarte?*
- *¿Has entendido cómo relajar también esos síntomas o reacciones a tus miedos?*
- *¿No crees que te conoces mejor?*
- *¿Comprendes alguno de esos motivos de tu malestar?*
- *¿Te has dado cuenta de que la ansiedad no te ha dejado otra posibilidad que actuar, y cómo actuando te has hecho responsable y estás mejorando tu vida?*

Y tú, como padre, puedes cuestionarte:

- *¿Pasar por esto no te ha unido más a tu hijo?*
- *¿No te está ayudando a conocer mejor las cosas que le afectan negativamente?*
- *¿A considerar todos esos cambios que juntos podéis realizar para mejorar vuestra vida familiar?*

Estas y muchas otras preguntas pueden ayudaros a apreciar que tal vez ibais a la deriva, que seguramente existían elementos o situaciones que limitaban la vida familiar y el presente y futuro de tu hijo. Por ello os animo a reconocer y dirigir muchos de esos «*y si*» hacia vosotros. Os animo a preguntaros:

- *¿Y si la ansiedad no es otra cosa que una potente llamada de atención que la esencia de tu hijo ha necesitado expresar para que le haga caso y cambie o cambiéis ciertos elementos de vuestras vidas?*
- *¿Y si estaba yendo a la deriva y gracias a este periodo de crecimiento tu hijo consigue acercarse realmente a quien desea ser?*
- *¿Y si hubieseis dejado que esos miedos irracionales crecieran y se afianzaran con el tiempo?*

Nadie dijo que ser feliz fuese una tarea fácil, pero siempre podemos apreciar que gracias a esos duros momentos ha podido nacer una mejor versión de nosotros mismos, y tal vez ahora este era el turno de tu hijo. El cambio surge de la necesidad de volver a sentirnos bien, y tal vez por ello existen problemas como la ansiedad, un potentísimo y necesario toque de atención que busca devolvernos a esa vida que deseamos vivir.

3.2. Carta de la ansiedad para tu hijo

Podríamos considerar que cuanto más pequeños somos menos responsabilidad tenemos sobre la ansiedad. Pero cuando crecemos y nos hacemos conscientes, nos damos cuenta de que muchas veces la ansiedad llega a nuestras vidas porque realmente necesitábamos cambiar o no estábamos siendo quienes realmente deseamos ser.

Por eso, una de las mejores maneras de hacer amiga a la ansiedad es reconocer y observar las cosas buenas que pasan por lo que ha traído a nuestra vida, un cambio de perspectiva que he pensado expresar en modo de carta.

Te aconsejo que la leas y sobre todo te animo a leérsela o hacérsela leer a tu hijo, ya que este mensaje puede hacerle entender algunos de sus posibles errores y ayudarle a aceptar que seguramente, bien vista, la ansiedad puede ser considerada una excelente amiga. Aquí va la carta de la ansiedad para tu hijo:

Hola, soy tu ansiedad.

No te asustes, estoy aquí para ayudarte. Estoy aquí para que puedas entenderme.

Hace ya un tiempo que me preguntas por qué sigo aquí, por qué aún no me he ido.

Por eso he pensado en responderte: ¿sabes lo que quiero de ti?

Quiero que te hagas más fuerte. Que aprendas a conocerte y a sentirte responsable de tu vida.

Quiero que seas valiente y derrotes a tus peores miedos para acercarte más a quien realmente deseas ser.

Por eso seguiré a tu lado. Porque solo tú puedes hacer que me vaya.

Aquí estaré, hasta que aprendas a amarte tal y como eres. Hasta que aprendas a decir NO y a decir también BASTA.

Voy a seguir a tu lado hasta que dejes de juzgarte, de criticarte, de ponerte en duda y mientras sigas sin confiar en ti.

Sé que soy muy molesta...

¿Recuerdas los mareos? ¿Recuerdas la taquicardia? ¿Recuerdas las dificultades para respirar, o cómo rumiabas sin descanso cientos de miles de pensamientos negativos?

Lo sé. Sé que mis síntomas no son agradables y te asustan.

Sé que no te hacen sentir bien, que tienes miedo y sufres.

Sé que a veces incluso crees que tu vida puede llegar a su fin o que puedes volverte loco.

Pero no temas, te aseguro que nada malo va a sucederte.

¿Alguna vez te ha pasado algo? Y... ¿cuánto tiempo llevo contigo?

Gracias a la convivencia conmigo espero que aprendas a

no destruirte más. A no ir a la deriva. A no dejar que la vida o los demás hagan contigo lo que quieran, y a que seas tú el principal artista de tu realidad.

Sé que mis síntomas serán más fuertes cuanto más te abandones y te causarán más malestar cuanto más permitas a otros que te lastimen o se aprovechen de ti.

Cuanto más confíes en que va a ser la fortuna y no tu acción la que cambiará las cosas.

Quiero ayudarte a comprender que tú eres el responsable de tu vida. El responsable también de tu felicidad. Alguien que, lo creas o no, tiene mucho que decir.

Te darás cuenta de que nada en tu vida cambiará si tú no cambias.

Poco a poco aprenderás del dolor. Me verás con otros ojos. Descubrirás del mensaje que traigo a tu vida y comenzarás a apreciar lo mucho que vales.

Vas a darte cuenta de que siempre has tenido el poder de sonreírle a la vida, y que cuanto más lo hagas, más te sonreirá ella también a ti.

Por eso estoy aquí, por eso sigo a tu lado. Ha llegado el momento de que cambies, el momento de que aprendas a quererte y a querer también a la vida. He llegado a tu vida para que seas feliz.

No te dabas cuenta, pero necesitabas un cambio. Estabas yendo en contra de la vida y no podías seguir así.

Sé que no quieres sufrir y no es eso lo que quiero.

No te haré ningún daño, pero convivir conmigo te ayudará a entender qué es aquello que te hace daño y qué otras cosas te ayudan a sentirte bien.

Por eso entiende que no soy tu enemiga, sino tu amiga. Una amiga que en cuanto empieces a cambiar, dejará de molestarte...

Atentamente,

TU AMIGA, LA ANSIEDAD

4

Cómo ser el mejor padre y la mejor madre

> Cuando cambias el modo en que ves las cosas, las cosas que ves también cambian.
>
> WAYNE DYER

Espero que este libro te haya permitido no solo entender mejor cómo funcionan el miedo, el estrés o la ansiedad, sino sobre todo ayudar a tu hijo a gestionar estas emociones y desarrollarse mejor, animándoos a formar el mejor equipo. Un equipo de padres e hijos, pero también de grandes amigos. Amigos que se quieren y apoyan, que se entienden y respetan, un equipo que disfruta de más momentos de felicidad.

Sé que poner en práctica lo aprendido puede ser muy complicado. Tratar con trastornos como este requiere tiempo y esfuerzo, un tiempo en el que se viven altibajos, angustia, frustración, miedo e incluso pánico, una etapa en la que muchísimas veces apenas se vislumbra ninguna mejoría. Y si ya es difícil tratarlo uno mismo, solo puedo imaginar lo doloroso que se hace cuando quien sufre es tu hijo. Un saco de dificultades al que debemos añadir su desarrollo, edad, entorno, experiencias y otros elementos sobre los que tenemos ningún o muy poco control.

Criar a un niño es una tarea compleja, y más aún en la actualidad, cuando nos falta tiempo para dedicarlo incluso a nosotros mismos. Por ello, es normal que como padre o madre puedas sentirte desbordado en muchos momentos, o pensar que pierdes libertad y tu vida se hace un camino cada vez más cuesta arriba.

Puedo imaginar el esfuerzo que supone amamantar a un pequeño, despertarse con sus llantos cada pocas horas, verlo enfermo y no saber si es grave o no. Puedo entender lo mal que se pasa cuando lo notas triste, angustiado o asustado sin entender ni conocer sus motivos, o lo difícil que es soportar sus rabietas y llantos cuando su cerebro instintivo se ha puesto en marcha. Y si esto no bastase, tal vez más complicado aún sea lidiar con la enorme cantidad de cambios que se dan en su vida cuando llega a la adolescencia. Situaciones en la vida de cualquier padre que te hacen sentir cansado, estresado y angustiado, muchas veces incluso incapaz de gestionar la situación con tus propios recursos. Podríamos llamar a esta «la parte complicada de ser padres».

Pero también soy de la idea, y la vida se ha encargado de

demostrármelo, que con la dosis justa de ilusión y cariño podemos transformar nuestra realidad, hasta el punto de descubrir oportunidades donde antes veíamos solo problemas. Por ello, si en ocasiones esa parte complicada de ser padres está pudiendo contigo, sigue leyendo...

Seguro que conoces el famoso símil del vaso medio lleno y medio vacío, así que no entraré en detalles. Únicamente te recordaré que muchas veces la vida, nuestra experiencia, tiene mucho que ver con eso a lo que prestamos atención. Tenemos siempre dos opciones, como sucede con el famoso vaso.

Podemos centrarnos en ver la vida como ese vaso medio vacío, cerrándonos en banda y no queriendo cambiar ni atender a razones. De hacerlo así nos centraremos en el vacío, en la pérdida, en lo negativo, y si consideramos la situación desde este punto de vista, es muy probable que atraigamos a nuestra vida más problemas y negatividad.

Pero si queremos, también podemos hacer magia apreciando el vaso de la vida medio lleno, entendiendo con ello que cuanto más intentemos centrarnos en la parte positiva de las cosas, en el más y no en el menos, podremos sumar, conocer, ganar y aprender, en resumen, mejorar nuestra realidad...

Seguramente muchas veces hemos cambiado la perspectiva de las situaciones. Todos tenemos ejemplos de ello que nos han permitido entender que cuando el cerebro cambia el foco de atención, realmente es capaz de ver las cosas de una manera distinta.

Por ello, si existen ocasiones en que como padre o madre

te vence la apatía o la frustración, momentos en que crees que no es posible conseguirlo o ves un futuro negro tanto para ti como para ese problema de tu hijo y su vida futura, te animo a que recapacites y consigas hacer clic. Vuelve a ti y recuerda que siempre cuentas con la capacidad de volver a ver el vaso medio lleno.

Cuanto más lo hagas, más sencillo te resultará mantener esa ilusión y fuerza que te convierten en mejor padre y persona, un padre o una madre que movida por esa potente firmeza ayudará a que su hijo pueda disfrutar de la vida de la mejor manera y con el mejor apoyo y cariño.

Sé que no siempre será sencillo y, por eso, antes de despedirme, quiero ayudarte a mantener tu fortaleza, a seguir viendo medio lleno ese vaso de la vida con tu hijo.

Para ello, en lugar de lamentarte por las dificultades que se presenten en la vida de tus hijos, intenta reconocer y apreciar la belleza de verlos crecer.

Lo que estás viviendo es algo único, un espacio de tiempo que poco a poco desaparecerá. Son infinitos los ejemplos para poder apreciar esta realidad, situaciones como sentir un abrazo de tu hijo lleno de cariño. Escuchar sus ideas alocadas, sus canciones o frases, o la fantástica manera en que aprecia el mundo. Reconocer la ilusión en sus ojos o en su manera de experimentar la vida. Apreciar situaciones como la de llegar tarde al trabajo porque de camino al colegio ha querido presentarte a sus mejores amigos o te ha pedido participar en alguna de sus actividades. Escuchar que te pide consejo o te dice te quiero, un te quiero más auténtico y real que ningún otro amor en el mundo. También puede ayudarte a disfrutar de toda esa magia recordar cómo has preparado los Reyes Magos cada año, o cómo te convertías en el Ratoncito Pérez para disfrutar de la sonrisa de tu pequeño cuando le faltaba un diente...

*Son infinitos esos momentos mágicos. Esta magia te ayudará a observar una sola cosa: esa maravillosa fuerza que mueve y hace crecer el mundo, una fuerza que en el caso de padres e hijos no debería tener rival, el **AMOR** en mayúsculas. Un amor que cuanto más y mejor sepas dárselo a tu hijo, más le ayudará a disfrutar de una vida feliz y más felicidad podrá devolverte y hacerte sentir también a ti.*

Creo que solo hay un secreto para ser el mejor padre o mejor madre: no olvidar que el tiempo pasa, no olvidar que no existe una fuerza más bonita y poderosa que ese amor entre padres e hijos que nació con tu hijo.

Nota para el lector

Si has disfrutado de este libro, si has comprendido y hecho tuyo el mensaje, si consideras que ha podido ayudarte a ti y a tu familia a mejorar vuestra calidad de vida y crees que puede ayudar a otras personas, me encantaría que me ayudases a difundir este mensaje.

Tu valoración y comentarios positivos en redes sociales y en Amazon me ayudarán a seguir escribiendo e investigando con el fin de ayudar a otros a descubrir esos aprendizajes que esta maestra que es la experiencia ha traído a mi vida. Si te es posible hacer una reseña positiva de este libro o contactarme por redes sociales para decirme qué te ha parecido, será una fantástica ayuda.

Muchas gracias por estar aquí.

MIS OTROS LIBROS SOBRE LA ANSIEDAD

- *El fin de la ansiedad*, Vergara, 2019.
- *El arte de cuidarte*, Vergara, 2020.
- *Respuestas a tu ansiedad*, Vergara, 2021.